jack london

* 이 도서의 국립중앙도서관 출판예정도서목록(CIP)은 서지정보유통지원시스템 홈페이지(http://seoji.nl.go.kr)와 국가자료공동목록시스템(http://www.nl.go.kr/kolisnet)에서 이용하실 수 있습니다. (CIP제어번호 : CIP2014032629)

잭 런던 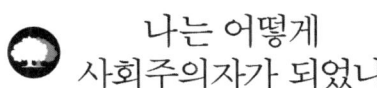 나는 어떻게
사회주의자가 되었나

김한영 옮김

차례

작가의 인생철학에 대하여 7
신진 작가를 위한 응급조치 19
책을 출간하려면 37
무섭고 비극적인 소설 47
문학적 성공을 위한 여덟 가지 요소 65
나는 어떻게 사회주의자가 되었나 73
계급투쟁 83
부랑자 109
최대치의 문제 135
구함: 새로운 발전 법칙 159
혁명 185
나에게 삶이란 무엇인가 219

옮긴이의 말 236
잭 런던 연보 240

일러두기

1 이 책은 잭 런던(Jack London)의 산문 중에서 옮긴이가 골라 번역한 것으로, 번역대본은 다음과 같습니다.

The Portable Jack London, ed. Earle Labor, Penguin Books, 1994. (*PJL*로 표기)
War of the Classes, New York: The Regent Press, 1905. (*WOC*로 표기)
Revolution and Other Essays, London: Mills and Boon, 1910. (*ROE*로 표기)

작가의 인생철학에 대하여(On the Writer's Philosophy of Life) *PJL*
신진 작가를 위한 응급조치(First Aid to Rising Authors) *PJL*
책을 출간하려면(Getting into Print) *PJL*
무섭고 비극적인 소설(The Terrible and Tragic in Fiction) *PJL*
문학적 성공을 위한 여덟 가지 요소(Eight Factors of Literary Success) *PJL*
나는 어떻게 사회주의자가 되었나(How I Became a Socialist) *WOC*
계급투쟁(The Class Struggle) *WOC*
부랑자(The Tramp) *WOC*
최대치의 문제(The Question of the Maximum) *WOC*
구함: 새로운 발전 법칙(Wanted: A New Land of Development) *WOC*
혁명(Revolution) *ROE*
나에게 삶이란 무엇인가(What Life Means to Me) *ROE*

2 본문 각주 중 1,2,3…으로 표시된 것은 옮긴이 주이며, 별표(*)로 표시된 것은 원주입니다.
3 원문의 이탤릭체가 강조의 의미일 경우 굵은 글씨체로 표기했습니다.

작가의 인생철학에 대하여

1899년 10월 〈에디터(The Editor)〉에 실린 글이다.

매문 작가, 즉 앞으로 평생 '돈벌이를 위한 책'을 쓰며 만족할 작가라면 이 글을 그냥 지나치기 바란다. 시간과 고민을 절약할 테니. 이 글에는 원고를 마무리하는 법, 변덕스러운 검열, 자료 정리에 대해서는 물론이고, 형용사와 부사의 타고난 심술에 관한 힌트 따위는 전혀 없다. '속필가들'이여, 놀랐는가? 그냥 지나쳐라! 나는 야망과 이상을 소중히 여기는 작가를 위해 이 글을 쓰고 있다. 지금 이 순간 얼마나 열심히 글을 팔고 있는지는 상관없다. 야망과 이상을 소중히 여기고, 농업 신문과 홈 매거진이 더는 방문자 명단에서 큰 부분을 차지하지 않을 때를 간절히 바라는 작가라면 족하다.

친애하는 선생, 부인 혹은 아가씨, 당신이 선택한 분야에서 어떻게 이름을 떨치려 하는가? 천재성? 저런, 당신은 천재가 아니지 않은가? 당신이 천재라면 이 글을 읽고 있지 않을 터. 모든 쇠고랑과 족쇄를 끊어버리는 천재성은 억누를 수 없고 무엇으로도 속박할 수 없다. 천재성은 희귀조이니, 당신과 나처럼 모든 숲에서 날개 치며 날아다니지 않는다. 자, 그렇다면 당신은 재능이 있는가? 아무렴, 미발달해서 그렇지, 재능은 있으리라. 헤라클레스가 포대기 안에서 뒹굴 때 그의 이두근은 보잘것없었다. 당신도 그러하다. 당신의 재능은 미발달했다. 그 재능이 적절한 영양분을 흡수하고 잘 발육했다면 당신은 이 글을 보느라 시간을 낭비하고 있지 않을 것이다. 당신의 재능이 진정으로 분별 연령[1]에 도달했다고 생각한다면, 여기서 즉시 책을 덮어라. 만일 그러지 않았다고 여긴다면, 당신은 어떤 방법으로 그렇게 될 수 있다고 생각하는가?

독창적인 작가가 되어야 한다. 당신은 즉시 이렇게 답한 뒤, **그 독창성을 끊임없이 끌어올려야 한다**라고 덧붙인다. 아주 좋다. 하지만 문제는 그저 독창적인 작가가 되는 게 아니라―순전한 초보자도 이쯤은 알 테지만―어떻게 독창적인 작가가 되느냐다. 어떻게 해야 독자들이 당신의 책을 간절히 찾을까? 어떻게 해야 출판사들이 당신의 책을 간절히 원할까? 다른 작가의 빛나는 흔적을 쫓아가는 것, 다른 누군가의 독창성에서 나오는 빛을 되비추는 것으론 독창적인 작가가 되길 기대할 수 없다. 스콧[2]이

---

1 형법상 책임을 지는 나이. 영국에서는 14세.

나 디킨스[3], 포[4]나 롱펠로[5], 조지 엘리엇[6]이나 험프리 워드 부인[7], 스티븐슨[8]과 키플링[9], 앤서니 호프[10], 스티븐 크레인[11] 및 계속 떠오르는 수많은 이름을 생각해보라. 누가 그들을 위해 땅을 갈아주었는가? 하지만 출판사들과 대중은 그들의 작품을 구하려 아우성쳤다. 그들은 독창성을 정복했다. 하지만 어떻게 정복했을까? 멍청한 바람개비처럼 매번 바람이 불어오는 쪽으로 고개를

---

2 월터 스콧 경(Sir Walter Scott, 1771~1832). 영국의 역사소설가, 시인, 역사가. '웨이벌리의 작가'라는 익명으로 출판한 《웨이벌리》, 《가이 매너링》, 《아이반호》, 《부적》 등 역사소설로 유명하다.

3 찰스 디킨스(Charles Dickens, 1812~1870). 영국의 소설가. 대표작 《위대한 유산》, 《올리버 트위스트》, 《두 도시 이야기》, 《크리스마스캐럴》 등이 전 세계적으로 널리 읽히고 있다.

4 에드거 앨런 포(Edgar Allan Poe, 1809~1849). 미국의 시인, 소설가, 비평가. 〈황금 풍뎅이〉, 〈어셔가의 몰락〉, 〈모르그 가의 살인〉, 〈검은 고양이〉, 〈도난당한 편지〉 등이 있다.

5 헨리 워즈워스 롱펠로(Henry Wadsworth Longfellow, 1807~1882). 미국의 시인. 식민지 전쟁을 배경으로 한 비련의 이야기 《에반젤린》 등의 장시(長詩)로 유명하다.

6 조지 엘리엇(George Eliot, 1819~1880). 영국의 소설가. 본명은 메리 앤 에번스(Mary Ann Evans)다. 작품으로 《플로스 강의 물방앗간》, 《사일러스 마너》, 《미들마치》 등이 있다.

7 메리 오거스타 워드(Mary Augusta Ward, 1851~1920). 영국의 소설가. 험프리 워드 부인(Mrs. Humphrey Ward)이라는 필명을 썼다. 작품으로 《로지 부인의 딸》, 《윌리엄 애시의 결혼》 등이 있다.

8 로버트 루이스 스티븐슨(Robert Louis Stevenson, 1850~1894). 영국의 소설가, 시인. 작품에 《지킬 박사와 하이드 씨의 기이한 사례》, 《보물섬》 등이 있다.

9 조지프 러디어드 키플링(Joseph Rudyard Kipling, 1865~1936). 영국의 소설가, 시인. 작품에 《정글 북》, 《킴》 등이 있으며, 1907년 노벨 문학상을 수상했다.

10 앤서니 호프 호킨스(Anthony Hope Hawkins, 1863~1933). 영국의 소설가. 앤서니 호프라는 필명으로 알려져 있다. 모험소설 《젠다 성의 포로》로 유명하다.

11 스티븐 크레인(Stephen Crane, 1871~1900). 미국의 소설가, 시인, 신문기자. 사회적 사실주의의 길을 열었으며, 간결한 문체와 상징적 수법을 썼다. 주요 작품에 《붉은 무공훈장》 등이 있다.

돌리지 않았다. 그들은 수많은 실패 예정자들과 함께 출발선에서 경주를 시작했고, 세상의 전통을 공통의 유산으로 받아들였다. 하지만 한 가지 점에서 그들은 실패자들과 달랐다. 출처에서 직접 뽑아냈고, 다른 손을 통해 걸러진 자료는 거부했다는 점에서다. 그들은 다른 사람들의 결론과 착상을 싫어했고, 자신의 작품에 '자아'란 도장, 저작권보다 훨씬 더 가치 있는 일종의 등록상표를 찍고 싶어 했다. 그래서 세계와 그 전통—전통이란 지식과 문화를 가리키는 또 다른 용어—에서 어떤 자료를 직접 끌어내고, 그 자료를 쌓아 올려 자신의 인생철학을 만들었다.

이 말, '인생철학'은 엄밀한 정의를 허락하지 않는다. 우선 그것은 구체적인 문제에 대한 어떤 철학을 의미하지 않는다. 영혼이 과거에 겪고 미래에 겪을 수고[12], 양성에게 적용되는 도덕규범의 이중성과 단일성, 여성의 경제적 독립, 획득 형질들이 사실은 유전되고 있을 가능성, 유심론, 환생, 금주 같은 문제들 중 어느 하나에 관심을 두는 대신, 인생철학은 그 모든 것에 얼마간 관심을 기울이고, 현실의 삶을 영위하는 사람이 마주치게 되는 그 밖의 모든 것에도 관심을 기울인다. 간단히 말해, 인생철학은 일상에서 실용적으로 기능하는 삶의 철학이다.

영구적으로 성공한 모든 작가는 이 철학을 갖고 있었다. 그것은 그만의 견해였고, 시야에 들어오는 모든 것을 재는 척도였다.

---

[12] 구약성경 이사야서 53장 참조.

이 철학을 통해 그는 글 속의 인물들, 글 위의 생각들을 압축적으로 드러냈다. 이 철학 때문에 그들의 작품은 어리석지 않고 정상적이고 신선했다. 그것은 새로운 어떤 것, 세계가 듣고 싶어 하는 어떤 것이었다. 그의 철학은 그의 것이었지, 세계가 이미 들은 것들을 임의로 고쳐 내놓은 모조품이 아니었다.

하지만 착각하지 말기 바란다. 그런 철학을 소유했다고 해서 가르치고 싶은 충동에 사로잡히는 건 아니다. 작가는 어떤 문제에 대해서든 명료한 견해를 가질 수 있지만, 그것이 어떤 의도를 갖고 소설이란 포탄으로 대중의 귀를 공격할 이유는 결코 되지 못하며, 동일 선상에서 공격하지 말아야 할 이유도 되지 못한다. 하지만 여기에서 우리가 주목할 점은, 이 철학은 어떤 문제에 대해서든 세상을 이쪽 또는 저쪽으로 기울이고자 하는 욕망으로 드러나는 법이 거의 없다는 사실이다. 몇 안 되는 위대한 작가들은 공공연히 독자를 가르쳤지만, 반면에 어떤 작가들, 가령 로버트 루이스 스티븐슨 같은 작가들은 자기 자신의 거의 전부를 대범하면서도 섬세하게 작품 속에 집어넣었고, 그러면서도 뭔가를 가르치려 한다는 생각을 한순간도 불러일으키지 않았다.

그런 인생철학 덕분에 작가는 그 자신을 작품 속에 넣을 수 있을 뿐 아니라, 자신의 일부는 아니지만 자신이 바라보고 고찰한 것들을 작품에 넣을 수도 있다는 점을 우리는 이해해야 한다. 지적 거장의 삼두마차라 할 수 있는 셰익스피어, 괴테, 발자크보다 이 말이 더 정확하게 들어맞는 작가는 없다. 그들 각자는 그들 자신이었으며, 그런 만큼 비교는 아무런 의미가 없다. 각자는 이 저장고[13]에서 자신만의 인생철학을 이끌어냈다. 그리고 이 개인적 기준에 의해 자신들의 작품을 완성했다. 태어났을 땐 분명 그들도 세상의 모든 아기와 아주 비슷했으리라. 하지만 웬일인지 그들은 세상과 그 전통으로부터 다른 사람들이 얻지 못한 무언가를 얻어냈다. 그리고 바로 이것이 더도 덜도 아닌, **말하고자 하는 어떤 것**이었다.

젊은 작가여, 당신에게도 말하고자 하는 어떤 것이 있는가, 아니면 말하고자 하는 게 있다고 단지 생각하는가? 만일 말하고자 하는 게 있다면, 그 어떤 것도 당신의 입을 막지 못한다. 만일 당신에게 이 세상이 듣고 싶어 하는 생각이 있다면, 바로 그 생각의 방식이 표현된다. 당신이 명료하게 생각한다면, 명료하게 글을 쓸 것이다. 당신의 생각이 가치 있다면, 가치 있는 글이 나올 것이다. 반대로 당신의 표현이 빈약하다면 그건 당신의 생각이 빈약하기 때문이고, 편협하다면 생각이 편협해서다. 만일 당신의 생각들이 혼란스럽고 뒤죽박죽이라면, 어떻게 조리 있는 말이 나올 수 있겠는가? 당신의 지식이 빈약하거나 비체계적이라면, 어떻게 당신의 글이 명료하거나 논리적일 수 있겠는가? 그리고 인생철학이라는 튼튼하고 중심이 되는 끈이 없다면, 어떻게 혼돈에서 질서를 창출할 수 있겠는가? 어떻게 당신의 예지와 통찰이

---

13 자기 자신을 가리킨다.

명료해질 수 있겠는가? 어떻게 당신이 소유하고 있는 그 모든 지식 쪼가리의 상대적 중요성을 양적으로, 질적으로 알아볼 수 있겠는가? 그리고 이 모든 게 없다면 어떻게 당신 자신일 수 있겠는가? 어떻게 지쳐버린 이 세상의 귀에 신선한 말을 해줄 수 있겠는가?

 이 철학을 가지려면 그것을 열심히 찾는 수밖에 없다. 다시 말해 그에 들어갈 재료들을 이 세상의 지식과 문화로부터 뽑아내야 한다. 당신은 부글부글 끓고 있는 표면 밑에 감춰진 세계를 얼마나 알고 있는가? 그 가마솥의 바닥에서 작용하고 있는 힘들을 이해하지 못한다면, 그 거품에 대해 얼마나 알 수 있을까? 화가가 히브리 신화 및 역사, 유대인의 성격을 이루는 가지각색의 특징, 그들의 믿음과 이상, 열정과 기쁨, 희망과 두려움을 이해하지 못한다면 어떻게 〈에케 호모〉[14]를 그릴 수 있겠는가! 음악가가 게르만 민족의 위대한 서사시들을 모르고서야 어떻게 〈발퀴레의 비행〉[15]을 작곡할 수 있겠는가? 당신도 마찬가지다. 공부를 해야 한다. 인생의 얼굴을 읽고 이해할 줄 알아야 한다. 어떤 움직임의 성격과 양상을 이해하려면 개인과 민족을 움직이게 하는 정신, 위대한 사상에 생명과 동력을 주는 정신, 존 브라운[16]을 목매달거나 구세주를 십자가에 못 박는 정신이 무엇인지를 알아야 한다.

---

14 빌라도가 가시면류관과 자주색 망토를 걸친 예수를 가리키며 군중에게 "이 사람을 보라(Ecce Homo)."라고 세 번 외치는 것을 묘사한 종교 도상.
15 바그너의 오페라.
16 존 브라운(John Brown, 1800~1859). 19세기 미국의 노예제도 폐지 운동가.

만물의 내부에서 뛰고 있는 맥을 손으로 짚을 줄 알아야 한다. 이 모든 것을 합치면 당신의 인생철학이 될 터이고, 그러면 당신은 그것을 통해 세상을 측정하고 평가하고 저울질하여, 당신만의 해석을 세상에 내놓을 것이다. 흔히 개성이라 하는 것은 바로 개인적 견해 위에 인장처럼 찍힌 그만의 특성을 말한다.

역사, 생물학, 진화, 윤리학, 그 밖의 수많은 학문에 대하여 당신은 무엇을 알고 있는가? 당신은 이렇게 항의한다. "하지만 말이오, 난 그런 것들이 로맨스 소설이나 시를 쓸 때 내게 어떤 도움이 될지 통 모르겠소이다." 아, 하지만 도움이 된다. 그 지식들은 당신의 생각을 확장해주고, 당신의 가시거리를 늘려주고, 당신이 일하는 분야의 경계를 넓혀준다. 그것들은 당신에게 다른 누구의 것과도 같지 않은 당신만의 철학을 제공하고, 당신을 독창적인 사고로 힘차게 당겨준다.

당신은 항의한다. "하지만 엄청난 일이에요. 난 시간이 없어요." 하지만 다른 사람들은 그 일이 엄청나다고 해서 단념하지 않았다. 남은 삶은 온전히 당신 것이다. 물론 남은 삶을 완전히 지배할 순 없겠지만, 사정이 허락하는 만큼 당신은 삶을 지배할 수 있으며, 꼭 그만큼 당신의 능률은 향상되고, 꼭 그만큼 당신은 세상의 주목을 끌 것이다. 요는 시간이다! 흔히들 시간이 부족하다고 말하지만 이는 시간을 아껴 쓰지 못한다는 뜻이다. 당신은 **어떻게** 책을 읽어야 하는지를 실제로 배운 적이 있는가? 당신은 소설 작법을 터득하거나 비평 능력을 키우기 위해 노력하면서 1년에 지루한 단편과 장편소설을 몇 권이나 읽는가? 끝까지 읽은 잡지는 몇 권이나 되는가? 당신에겐 시간이 있지만 당신은 그저 흥청망청 쓰고 있다. 다시는 오지 않을 그 시간을. 읽을거리를 가려 읽는 법, 불필요한 거품을 현명하게 걷어내는 법을 배워라. 희끗희끗한 수염을 하고서 일간신문을 광고까지 섭렵하는 노인네를 보면 당신은 비웃음을 흘린다. 하지만 이 시대에 파도처럼 몰려오는 소설을 넘어서기 위해 노력할 때 당신이 보여주는 광경이 그보다 덜 애처로운가? 그렇다고 그 파도를 피하진 마라. 최고를 읽고, 최고만을 읽어라. 단지 시작했다는 이유로 이야기를 끝내진 마라. 당신은 언제 어디서나 오로지 작가라는 점을 명심하라. 지금 읽는 건 다른 사람들의 말이다. 그래서 단지 이것만 읽는다면, 당신은 이걸 왜곡하여 사용할 수 있고, 그 외엔 글로 쓸 말이 전혀 없게 됨을 명심하라. 요는 시간이다! 당신이 시간을 내지 못한다면, 장담하건대 세상도 당신의 말을 듣기 위해 시간을 내주지 않는다.

신진 작가를 위한 응급조치

1900년 12월
⟨주니어 먼지 매거진(The Junior Munsey Magazine)⟩에 실린 글이다.

많은 동기가 사람을 문학이라는 가시밭길로 끌어들이는데, 이 강력한 힘들 중 야망이 단연 유명하다.

사실 야망은 아주 애매한 용어다. 문제의 근원으로 곧장 파고들어 어리석은 환상과 교활한 속임수를 모두 벗겨내고 이 말의 보다 명확한 의미를 추출해보자. 무엇에 대한 야망인가? 명성? 주목? 추종자? 권력? 생계? 과연 무엇에 대한 야망인가?

여기에서 이 논의는 문단에 실제로 발을 들인 뒤 적당한 시장을 찾아 힘겹게 뛰어다니는 사람들하고만 관련이 있음을 언급하고자 한다. 우리는 진정한 시인, 노래를 위해 노래를 하는 사람, 노래가 가장 자연스러운 일이기 때문에 노래하는 사람, 요컨대 노래를 부르지 않을 수 없어 노래하는 사람에겐 관심이 없다. 그런 시인은 자신의 노래를 종이봉투에 담아 지상의 가장 먼 변두

리까지 보낸 수많은 편집자의 영혼을 괴롭히진 않는다. 다행히도 (혹은 불행일 수도 있다) 적당히 설득하고 나면 그는 가장 친애하는 친구들에게 무료로 증정할 자가판을 내고, 그 이상은 하지 않는다. 물론 그에게서 울려 나오는 노래가 순수하고 달콤하고 진실하고, 그 안에 강렬하고 멋지고 뭐라 형언할 수 없는 불멸의 울림이 있다면, 독자의 수가 끊임없이 증가하는 상황이 찾아온다. 하지만 이는 독자들이 그에게 만들어준 시장이다. 한 독자가 다른 사람에게 그의 노래를 지저귀고, 그 다른 사람이 또 다른 사람에게 지저귐을 반복하여, 마침내 온 세상이 지저귐과 지저귐을 요구하는 아우성으로 나뉘고, 그러면 국내외에서 출판업자들의 갈망이 담긴 전보가 물밀듯이 몰려온다. 그가 시장을 찾는다기보다 시장이 그에게 다가온다.

하지만 우리는 사람들에게 자신의 생각을 글로 써 상품으로 만들게 하고, 무와 배추처럼 그 상품을 구입해 팔아달라고 먼 곳으로 발송하게 하는 저 야망이란 것을 분석하고 있다. 어떤 사람이 그런 일을 한다면 우리는 그 이유를 물어 마땅하다. 그는 명성을 위해 그러는가? 과연 그런가? 우선 다음과 같은 질문을 하게 된다. 어떤 사람이 단지 명예와 칭찬을 애타게 갈망한 끝에 명예롭고 칭찬받는 사람이 된 적이 있을까? 아마 없을 것이다. 그런 사람은 나쁜 평판을 얻을 순 있어도 명성을 얻진 못한다. 세상의 위인들이 위대해진 까닭은 이 세상에 해야 할 일이 있었고 그 일을 했기 때문이다. 부지런히 힘껏 일했고, 자신의 일에 몰두했기 때문이다. 그러다 어느 날 명예가 머리 위에 수북이 쌓이고 그들의 이름이 만인의 입에 오르내리는 것을 알고는 깜짝 놀란다. 게다가 그저 높은 자리에 앉는 것을 보상으로 삼고 자신의 생각을 팔고자 하는 사람이라면, 출판업자들의 사무실과 편집자들의 편집실을 들쑤시고 다니면서 명성을 쫓고, 알지도 못하는 수많은 유력자들의 바쁜 옷깃을 귀찮게 잡아당기는 건 아무래도 꼴사납고 어리석은 방법이 아닐까? 분명 월계관은 그런 자에게 돌아가지 않는다!

다음으로 단지 자신의 얼굴이 인쇄되어 세상에 알려지기를 열망하는 사람들이 있다. 친구들이 "아무개가 있어. 똑똑한 사람인데, 자넨 모르나? 잡지에 글을 쓴다네."라고 말하기를 바란다. 그런 사람은 사람들이 자기 얘기를 하게 하고, 잠시 동안 싸구려 극장에 들어가 그를 작가 반열에 오른 사람으로 알아보는 관객 사이로 자랑스럽게 걸어 다니고, 자신의 출신 계급과 거리가 먼 데다 타고난 우둔함 때문에 손에 넣을 수도 없는 특권 계층의 명예를 거머쥐길 바란다. 그런 사람들이 있다―다음에 편집자를 소개받으면 그를 붙잡고 얘기를 들어보라―하찮고 허영심이 강하고 어리석은 자들이다. 하지만 우린 그들을 위해 눈물을 흘릴 순 있어도, 그들의 덜 떨어진 욕망을 야망이라 보고 얘기를 진행할 순 없다. 관대한 마음으로 그것도 그들의 조상 탓이려니 하고 넘어가자.

이 밖에도 우리 명단에서 제외시켜야 할 사람들이 많이 있다.

전문 지식인들, 예를 들어 의사, 변호사, 교수, 역사가, 과학자가 그들이다. 이들은 전문가의 입장, 즉 할 말이 있는 사람의 입장에서 글을 쓴다. 그러나 그들의 야망은 그들이 이미 선택한 분야에서 실현되었고, 그들이 하는 문학 작업은 잠시 드러나는 본업의 한 양상에 불과하다. 또한 장난으로 글을 쓰는 사람들이 있다. 세상에 들려줄 어떤 중요한 이야기가 가슴에서 끓어오르지 않고 헛된 욕심에 이끌리지 않는 사람, 출생이나 환경 덕택에 생존 투쟁에서 제외되거나 혹은 무언가를 해야겠다는 욕망이 제거된 사람, 사냥하거나 낚시하거나 여행하거나 오페라를 관람할 때와 같은 이유로 글을 쓰는 사람 등이다.

이 모든 사람에게 독립된 요인으로서 야망은 아무 역할도 하지 않는다. 그렇다면 야망은 누구에게 적용되는가? 두 부류다. 이 세상에 필요하거나 들려주면 좋을 메시지가 있는 사람들 또는 자신에게 그런 메시지가 있다고 생각하는 사람들이 첫 번째요, 거친 땅과 불모의 환경에 삶이 내던져져 끼니를 잇고자 분투하는 사람들이 두 번째다.

첫 번째 부류는 비교적 소수다. 그들은 불꽃을 일으켜 날라주는 신성한 존재로, 귀가 멀고 하늘이 무너져도 할 말을 하게끔 태어났다. 역사는 그런 사람들로 가득하며, 시나이 산의 돌판[1]에 든, 후세의 전시 팸플릿에든, 혹은 오늘날 홍수처럼 쏟아지는 일

---

1   시나이 산에 오른 모세가 하느님에게서 받은 십계명이 새겨진 석판.

요 신문에든, 그들은 할 말을 했다고 역사가 증언한다. 그들의 야망은 가르치고 도움을 주고 향상시키는 데 있다. 자기 자신은 전혀 결정 요인이 아니다. 그들은 기본적으로 자신의 이익이 아니라 세상의 이익을 위해 태어났다. 명예, 영광, 권력은 그들에게 매력이 없다. 빵 한 조각, 해진 누더기만 있으면 물질적 욕구가 모두 채워진다. 생계는 에피소드이고, 목적을 위한 수단이다. 세상의 안녕과 행복이 곧 자신들의 안녕과 행복이다. 또한 그들은 남에게 도움과 조언을 주면서도 도움이나 조언을 청하지 않으며, 자신들의 길은 별처럼 운명 지어져 있다는 생각에 누군가가 그런 걸 내밀어도 받으려 하지 않는다. 하긴 모든 게 끝난 후에 그 길이 운명이 아니었다고 누가 우길 수 있을까?

하지만 두 번째 부류가 남아 있는데, 여러분과 나처럼 흙으로 지어진 존재들이고 상대적으로 수가 많으므로, 이들이 글을 써야만 할 때 야망이 어떤 역할을 하는지 살펴보기로 하자. 편집자들, 출판업자들, 서적상들, 독자들에게 물어보라. 모두 "돈."이라 대답할 것이다. 다시 아직까지 길을 잃고 헤매고 있는 이상주의자나 공상가에게 물어본다면 그보단 아름답게 답할 것이다. 우리의 질문은 무자비해진다. 그들은 되묻는다. 돈? 그래, 돈! 그러니 당신들은 고상한 머리를 구름 속에 다시 파묻고 우릴 내버려두시라. 유감이지만 우리는 빵 한 조각과 해진 누더기에 만족하지 않으며, 여러분도 알다시피 흙으로 지어진 존재다. 우리의 죄악은 우리의 조상 혹은 우리의 형상을 한 그 누군가에게서 연유

한다.

우리는 식욕으로 고통받는 존재다. 우리는 기쁨을 좋아하고 쾌락을 추구하며 인생의 보상이라 생각하는 것들을 갈망한다. 세상은 우리에게 어떤 빚을 지고 있으며, 우리는 그것을 받아낼 때까지 독촉하리라 작정한다. 사실 빚이란 대개 나쁘다 여겨지는 것이니, 그런 이유로 우리의 독촉은 더 심해진다. 어떤 사람들은 얼마간의 금액쯤은 별거 아니라 우기면서 아주 터무니없는 액수를 청구한다. 더 집요한 축도 있지만, 또 한편으로 다수의 사람들은 이 세상에 태어난 데 대한 보상을 충분히 받는 건 어림없다고 생각한다. 하지만 모든 사람은 자기 자신을 채권자로 간주하며, 수금은 직접 해야 한다고 어린 나이에 배운다.

우리는 좋은 음식을, 그것도 충분히 원한다. 먹고 싶을 때마다 고기를, 횡격막 살이 아니라 큼직한 고급 비프스테이크를 원하고, 과일을 원하고, 크림에 끌릴 땐 탈지유가 아니라 생크림을 원한다. 우리는 급배수 설비가 위생적으로 되어 있고 지붕이 새지 않는 좋은 집을 원하고, 경련이 일어날 정도로 비좁거나 연기 때문에 콜록거리는 곳은 원하지 않는다. 우리는 높은 천장, 커다란 창문, 환한 햇살을 원하고, 창밖으로 꽃이 보이는 방, 담쟁이넝쿨, 무화과나무, 산책길을 원하고, 거기에서 하루 중 서늘한 시간에 어슬렁거리며 돌아다니길 원한다. 그리고 그 집 안에 책, 그림, 피아노, 구름처럼 푹신거리는 소파 등 온갖 종류의 좋은 물건이 있기를 원한다. 우리는 좋은 담배를, 그것도 충분히 원하고, 그래서 친구들이 놀러 와 함께 피울 수 있기를 원한다. 그리고 친구들의 입술이 마르면 우리가 현실에서 종종 거만한 기업들에게 사취당하며 구입하는 떨떠름한 술보다는 한껏 나은 음료를 친구들에게 내주고 싶어 한다.

또한 우리는 결혼하여 번식하기를 원하고, 우리의 번식이 근심이 아니라 즐거움이길 원한다. 우리는 자식들이 좋은 공기를 마시고, 직립 보행을 하는 동물에게 어울리는 것을 먹고, 영혼과 올바른 이해를 일깨우는 것을 보고 듣기를 원한다. 우리는 자식들이 뚱뚱하고 강하게 커서, 큼직한 근육과 커다란 폐와 초롱초롱한 눈을 갖길 원하다. 우리는 자식들이 해박한 지식과 실천력을 겸비하여 신체 건강하고 마음 따스한 성인이 되길 원한다. 또한 우리 자신이 쓸 승마용 말과 자전거와 자동차, 카메라와 엽총과 꽂을대, 카누와 외대박이 돛배와 요트를 원한다. 우리는 기차표, 텐트, 캠핑 장비를 원한다. 우리는 등산을 하고, 맨발로 해변을 거닐고, 어떤 방식으로든 가장 즐겁게 바닷물을 가르길 원한다. 우리는 지도책과 여행 안내서를 펴놓고 곰곰이 생각하는 데 싫증이 났고, 직접 가서 보기를 원한다. 우리는 인류의 위대한 명화를 찍은 흐릿한 사진과 그보다 못하게 그린 모작에 신물이 났다. 우리는 그 그림과 조각을 눈으로 직접 보고, 그 가수와 음악가의 소리를 귀로 직접 듣길 원한다. 인도가 기아에 허덕이거나, 읍내에 도서관이 필요하거나, 한동네에 사는 가난한 사람이 하나뿐인 말을 잃어버리고 몸져누웠을 때, 우리는 호주머니에서 돈을 꺼내 도와주기를 원한다. 그리고 이 모든 걸 하기 위해 돈을 원하는 것이다!

우리가 이것들을 원하기 때문에, 또한 그걸 얻기 위해 서둘러 책을 출판하고자 하기 때문에, 그 대부분을 얻으려면 어떤 종류의 글을 출판해야 하는지를 아는 게 좋으리라. 우리가 출판을 선택한 것은 우리가 출판에 보다 잘 적응했다고 생각해서였다. 그리고 더 나아가 이를 뽑거나 부러진 뼈를 고치거나 숫자를 더하거나 삽과 곡괭이를 들고 일하는 것보다 출판을 더 좋아하기 때문이었다. 우리와 한배를 타고 노를 젓는 많은 사람들이 아주 비슷한 이유로 문학과 친해졌다. 그러나 불행히도 그들은 응당 해야 할 만큼 심사숙고하고서 자신들의 특수한 분야를 선택하지 않았다. 그래서 그들은 고통을 겪고, 여러 해 동안 지루한 여정을 경험한 후에야 실수를 깨닫는다.

그랜트 앨런[2]은 분명 성공한 문학가지만, 그런 여정을 거쳤다. 1876년 자메이카에서 영국으로 돌아온 그는 실직 상태에서 글로 생계를 꾸리고자 결심했다. 이전까지는 시간이 날 때마다 철학과 과학을 주제로 100여 편의 기사를 잡지에 투고했지만 단 한 편도 1전 한 푼 벌어주지 못했다. 하지만 이번에는 《생리학적 미학(*Physiological Esthetics*)》이란 책에 전념했고, 600달러를 들여 출

---

[2] 찰스 그랜트 앨런(Charles Grant Blairfindie Allen, 1848~1899). 캐나다의 과학 저술가, 진화론자, 소설가.

간했다. 평론가들은 호의적이었고, 책은 그에게 다윈[3]과 스펜서[4] 등 유명인들과의 교분을 안겨줄 정도로 훌륭했고, 판매 부수는 무려 300부나 되었다.[5] 결산을 마치자 150달러라는 보잘것없는 액수와 시간을 손해 봤음이 드러났다. 두 번째 저작은 《색채 감각(The Color Sense)》이었다. 참고문헌은 5천 내지 6천 편에 달했고, 완성되기까지 1년 반이 걸렸으며, 향후 10년 동안 150달러의 순수익을 안겨주었다. 왜 그랜트 앨런이 그 후로 소설을 쓰게 되었느냐고 어느 누가 물어보겠는가?

이 실수에 충격을 받은 그는 1893년에 이렇게 말했다. "나는 10년 동안 빵을 얻기 위해 분투했고, 이에 대해 일일이 거론하고 싶진 않다. 그로 인해 나는 건강이 나빠지고 용기가 꺾였으며, 활력과 생기를 잃었다. 만일 이 논설의 목표가 재능과 포부를 겸비한 젊은이에게 가장 힘들고 보수가 나쁜 직업에 들어서지 말라고 경고하는 데 있다면, 나는 진심으로 이렇게 말할 수밖에 없다. '머리에는 머리로 맞서라. 어떤 시장에서도 그렇게 박한 이득에 재능을 팔아선 안 된다. 좋은 물건을 살 돈과 널찍한 길을 낼 힘이 있다면 문단에 발을 들이지 마라.'"

---

3 찰스 로버트 다윈(Charles Robert Darwin, 1809~1882). 영국의 생물학자. 생물의 진화를 주장하고 자연선택설을 발표했다. 저서에 《종의 기원》 등이 있다.
4 허버트 스펜서(Herbert Spencer, 1820~1903). 영국의 사회학자, 철학자. 저서 《종합철학》으로 대규모의 종합사회학 체계를 세워 영국 사회학의 창시자가 되었다.
5 저자는 반어법을 쓰고 있다.

이 말이 옳은지 그른지는 중요한 문제가 아니다. 요는 성공이 절정에 달했을 때에도 그간 겪은 시련과 고통 때문에 그랜트 앨런이 성공했다고 여전히 말할 수 없었다는 점이다. 그가 보기에 태양 아래에 어떤 성공도 지난 10년의 분투를 보상해줄 수 없었다. 어떤 금전적 보상도, 어떤 물질적 안락도, 그의 상품에 대한 어떤 무한한 수요도, 그의 수중에 들어온 인생의 어떤 만족도 그가 잃은 것을 보상해주지 못했다. 그가 걸어온 고된 삶도 그렇지만, 사람이 인생의 단맛을 보고 있을 때에도 그렇게 느낄 수 있다는 사실은 그 고투가 얼마나 비통했는지를 보게 해주고, 더 나아가 그 실수가 얼마나 중대했는지를 선명히 보여준다.

따라서 식욕 때문에 문학에 이끌릴 때 우리는 자신의 어느 부분을 활자화하는 게 최선인지를 신중히 결정해야 한다. 솔직하게 물어보자. 어느 분야가 가장 좋은 수입으로 이어질까? 소설, 시, 에세이, 역사, 철학, 과학 중에? 순회도서관은 시장의 박동을 느낄 수 있는 동맥이다. 가장 많이 읽히는 책이 가장 수요가 높다. 순회도서관들을 생각해보라. 사람의 생각을 인쇄한 다른 모든 장르를 합친 것보다 소설을 더 많이 진열하지 않은 곳이 하나라도 있었는가? 서적상들도 똑같이 얘기할 테고, 출판업자도 마찬가지일 것이다. 수많은 편집자들이 투고자에게 보다 심각한 분야에서 소설로 방향을 틀라고 충고해왔고, 그 반대의 충고는 거의 없었다. 왜 그럴까? 투고자가 보다 심각한 그 분야에 적합하지 않아서가 아닌 건 분명하다. 그런 분야에 뛰어들 수 있고, 잘

해낼 수 있는 소설가는 무궁무진하다. 하지만 그들은 그러지 않는다.

위어 미첼[6] 박사는 대단히 중요하고 체계적인 의학 서적을 여러 권 낼 수 있었지만, 《프랑수아의 모험(The Adventures of François)》을 쓰는 쪽을 택했다. 존 우리 로이드[7]는 다양한 화학 서적을 내는 우를 범했지만, 오늘날 사람들은 모두《고속도로변의 스트링타운(Stringtown on the Pike)》을 읽는다. 키플링 선생은 기계공학을 비롯한 기술 분야에 관해 심도 있는 책을 펴낼 수 있었지만, 우리는 그의《용감한 선장들(Captains Courageous)》과《스토키사(社)(Stalky and Company)》를 즐겨 읽는다. 그리고 앞서 얘기했듯이《색채 감각》을 쓴 그랜트 앨런은 나중에《셈의 장막(Tents of Shem)》과《관습을 무시한 여인(The Woman Who Did)》을 썼다. 그렇다고 해서 우리가 이 신사들 그리고 수많은 작가들이 식욕의 피해자일 거라 추론하는 건 아니다. 아니, 절대 그렇지 않다. 환락의 꽃이 더 흐드러지게 피어 있는 길로 그들을 인도하는 것은 다름 아닌 성향과 기질이다.

그러나 보다 구체적인 증거를 찾아보고, 허버트 스펜서의 경우를 예로 들어보자. 스펜서 선생이 세계의 지식에 기여한 바는 우

---

[6] 사일러스 위어 미첼(Silas Weir Mitchell, 1829~1914). 작열통의 발견으로 유명한 미국의 의사, 작가.
[7] 존 우리 로이드(John Uri Lloyd, 1849~1936). 생약학, 민족식물학, 경제식물학, 약초학의 발전에 깊은 영향을 끼친 미국의 약학자.

리가 평가를 내리기 힘들 정도로 막대하다. 우리에겐 그럴 수 있는 관점이 없다. 수 세기가 흐른 미래에 가서야 그의 작품을 제대로 평가할 수 있을 테고, 1천 세대의 소설가들이 하나둘씩 흙으로 돌아가 잊힐 무렵 스펜서는 지금보다 훨씬 더 유명해져 있을 것이다. 하지만 그는 철학 서적을 펴내고 그 대가를 치러야 했다. 이 때문에 그는 1865년까지 5500달러의 빚을 지게 되었고, 급기야 더 이상 책을 출판하지 않겠다고 공표하는 지경에 이르렀다. 미국에서 유먼스[8]는 스펜서를 위해 7천 달러를 모금했고, 영국에서 헉슬리[9]와 러벅[10]은 사람들에게 그의 책을 구입하도록 유도하여 구독자 명단을 인위적으로 늘리려 했다. 구입 목적은 그 책을 읽는 게 아니라 지원하는 데 있었다. 하지만 부친이 사망하여 수입이 늘자 스펜서는 친구들의 호의에 기대기를 거부하고 이전처럼 손해를 감수하고서 저술과 출판을 계속했다.

내친김에 반대쪽 상황도 잠깐 살펴보자. 알퐁스 도데[11]는 《사포(Sappho)》로 20만 달러를 받았다고 한다. 키플링은 《팰맬 가제트(Pall Mall Gazette)》로 7천 달러를, 《막사의 담시(Barrack Room

---

[8] 에드워드 리빙스턴 유먼스(Edward Livingston Youmans, 1821~1887). 미국의 과학 저술가, 편집자, 강연자. 잡지 〈대중 과학〉을 창간했다.
[9] 토머스 헨리 헉슬리(Thomas Henry Huxley, 1825~1895). 영국의 생물학자. 다윈의 진화론 옹호자로, 《멋진 신세계》의 작가 올더스 헉슬리의 할아버지다.
[10] 존 러벅 경(Sir John Lubbock, 1834~1913). 영국의 은행가, 인류학자, 고고학자.
[11] 알퐁스 도데(Alphonse Daudet, 1840~1897). 프랑스의 소설가. 〈마지막 수업〉이 실린 《월요 이야기》로 유명하다.

Ballads》로 편당 50달러를 벌었다. 단편소설의 경우 단어당 1달러까지 받았다. 과학자나 철학자가 그 같은 성과를 거둔 적이 있는가? 앤서니 호프는 저작권을 보유하고 있고, 잡지 기사 한 편당 450달러를 받는다. 프랭크 R. 스톡턴[12]은 가장 짧은 이야기도 대략 500달러에 판다. 하퍼스사(社)는 루 월리스 장군[13]에게《인도의 왕자(*The Prince of India*)》의 대가로 10만 달러를 지불했다고 한다. 또한《트릴비(*Trilby*)》의 미국 판권을 1만 달러에 구입했지만, 나중에 호방하게도 뒤모리에[14]에게 4만 달러를 더 보냈다.

그러나 소설이 보수가 가장 좋은 건 맞지만, 모든 소설이 그렇지 않다는 건 두말할 필요가 없다. 가난한 계층이 사 보는 정기간행물 출판사들은 단편소설을 구입할 때 1천 단어에 대한 대가로 50센트에서 1달러 사이를 지불하고, 그나마도 마지못해 지불할 때가 있다. 게다가 그나마 대부분이 재고 판매를 재촉하는 우표와 편지지 값으로 쓰이는 경우가 종종 있다. 돈을 아예 주지 않는 출판업자들도 있다. 또한 부정 행위가 만연한 가운데 어떤 정기간행물 출판사들은 작가에게 먼저 구독을 강요하고서는 원고료를 지불하지 않는다. 하지만 세상의 좋은 것들을 원하는 우리는

---

12 프랭크 리처드 스톡턴(Frank Richard Stockton, 1834~1902). 미국의 소설가, 유머 작가. 작품으로《미녀일까 호랑이일까》,《포모나 여행기》,《연해에 나타난 해적들》등이 있다.
13 루이스 루 월리스(Lewis 'Lew' Wallace, 1827~1905). 미국의 작가, 군인, 정치가, 남북전쟁의 영웅. 소설《벤허: 그리스도의 이야기》로 유명하다.
14 조지 뒤모리에(George du Maurier, 1834~1896). 영국의 풍자만화가, 작가. 잡지《편치》에 실은 풍자만화와《오페라의 유령》에 영감을 준 공포 소설《트릴비》로 유명하다.

이런 상황에 휘말릴 정도로 어리석지 않으리라 본다. 그렇게 무능하지 않다면 말이다.

다음으로 피해야 할 소설이 있는데, 그러브 스트리트[15]와 광활한 숲 언저리의 별장을 오가는 작가들에게 특히 위험하다. 여기에는 진부한 대중의 진부한 영혼에 즐거움을 주는 공허하고 지루한 부류와, 선정적인 이야기를 좋아하는 사람들의 입맛에 아부하는 지저분한 멜로드라마가 포함된다. 그런 사람들은 이런 멜로드라마를 읽거나 신경증 환자처럼 도색 잡지를 뒤적이며 시간을 보낸다. 한편으로 샬럿 M. 브레임[16]과 로라 진 리비[17], 다른 한편으로 앨버트 로스[18]와 아치볼드 건터[19]를 보라. 물론 돈이 된다. 그러나 우리가 우연히 돈을 바라는 존재로 태어났다고 해서 자존감을 내팽개칠 이유는 없다. 생계를 위해 일을 할 정도로 영혼이 물질에 찌든 사람이라도 그 때문에 선택권을 행사하지 못할 정도로 망가지진 않는다. 거리 청소가 마음에 들지 않을 때, 나

---

15 18세기 가난한 작가들이 많이 살았던 런던의 거리 이름에서 유래하여, 가난한 작가나 기자, 또는 그들의 생활을 가리킨다.
16 샬럿 메리 브레임(Charlotte Mary Brame, 1836~1884). 영국의 소설가. 대표작으로 《도라 손》이 있다.
17 로라 진 리비(Laura Jean Libbey, 1862~1924). 미국의 소설가. 전형적인 로맨스 소설로 인기를 끌었다. 작품에 《데이지 브룩스, 혹은 위험한 사랑》 등이 있다.
18 앨버트 헨리 로스(Albert Henry Ross, 1881~1950). 영국의 광고 에이전트, 프리랜서 작가. 프랭크 모리슨(Frank Morison)이라는 필명으로 발표한 《누가 돌을 옮겼는가?》가 베스트셀러가 됐다.
19 아치볼드 클래버링 건터(Archibald Clavering Gunter, 1847~1907). 미국의 소설가, 극작가. 영화화되기도 한 베스트셀러 《뉴욕의 반스 씨》로 잘 알려져 있다.

무꾼이 되면 자존심을 회복한다. 우리도 마찬가지다. 공상가들과 이상주의자들은 우리가 지상에 발을 붙이고 있다고 경멸하지만, 그 발붙임은 조금도 창피한 일이 아니다. 육신이 우리를 무겁게 짓눌러도, 우리는 똑바로 서서 서로의 눈을 쳐다볼 수 있지 않은가.

그리고 이와 관련하여 우리는 그 공상가들과 이상주의자들을 보고 교훈을 얻어야 한다. 겸허한 자세로 불꽃을 가져오자. 세상의 불행과 결핍을 보는 눈을 갖자. 그리고 메시지를 찾으면 세상에 전파하자. 아, 나를 용서하라, 순전히 물질주의적인 이유에서이니. 우리는 우리의 소설로 세상을 헤쳐나가고, 우리의 소설을 아름답게 만들고, 좋은 값에 팔 것이다.

물론 여기에는 한 가지 위험이 있다. 우리는 우리의 이상에 열중할 수 있고, 그러다 비현실적인 공상에 빠질 수 있다. 하지만 우리는 예방접종을 하지 않는다. 맹세코, 우리는 예방접종을 하지 않을 것이다. 그럴 시간에 우리가 원하는 좋은 것을 몇 개 더 목록에 추가하자.

책을 출간하려면

1903년 3월 〈에디터〉에 실린 글이다.

누군가 잡지사에 두세 편의 글을 팔거나 어떤 출판업자를 성공적으로 꾀어 책을 내면, 즉시 모든 친구가 그에게 그런 대단한 일을 어떻게 해냈느냐고 묻는다. 따라서 책을 내거나 잡지에 글을 싣는 건 대단히 흥미로운 일이라고 결론지어 마땅하다.

  지금 생각해보면 그건 내게 대단히 흥미로웠고, 결정적으로 흥미로웠다고 말할 수 있다. 나는 수많은 잡지와 신문을 독파했고, 그러는 동안 그 모든 작가가 어떻게 지면에 글을 실을 수 있었을까 내내 궁금했다. 그 방법을 아는 것이 내게 결정적으로 중요했음을 보여주는 증거로 다음의 사실을 고백하고자 한다. 나는 여러 군데에 빚이 있었고, 무일푼이었으며, 수입은 전혀 없었고, 딸린 식구가 몇 명 있었으며, 생필품이 항상 긴박하여 내가 얼마간 정기적으로 집세를 내야만 버틸 수 있는 가난한 과부가 집주인이었다. 내가 마구를 단단히 채우고 잡지사에 도전할 때 내 경제적 상황은 그러했다.

게다가, 요점을 말하자면, 출판에 대해 제대로 아는 게 전무했다. 나는 출판의 큰 중심지들에서 멀리 떨어진 캘리포니아에 살고 있었다. 편집자가 어떻게 생겼는지도 몰랐고, 뭔가를 출판해 본 적이 있거나 출판은 고사하고 뭔가를 써보려 했던 사람을 나 자신을 제외하고는 한 명도 알지 못했다. 설상가상으로, 내가 얼마나 한심했는지를 보여주는 증거로서, 나는 《원고를 팔 수 있는 500곳의 주소》란 책자나 잡지 〈에디터〉를 몰랐다.

내겐 조언을 해줄 사람이 없었고, 간접적으로 유용하게 참고할 누군가의 경험도 없었다. 그래서 나는 스스로 경험을 쌓기 위해 책상 앞에 앉아 글을 썼다. 나는 단편소설, 기사, 일화, 유머, 수필, 소네트[1], 담시, 목가, 8행시, 노래, 약강 4보격 시로 된 가벼운 희극, 무운시[2]로 된 무거운 비극 등 모든 글을 썼다. 그리고 이 다양한 창작물을 봉투에 담고 반송용 우표를 동봉한 뒤, 우체통에 넣었다. 참으로 나는 다작을 했다. 날이 갈수록 원고는 높이 쌓여갔고, 급기야는 원고를 보낼 우표를 구하는 문제가 과부 집주인의 생활을 유지시키는 문제만큼이나 심각해졌다.

원고는 모두 되돌아왔다. 계속 되돌아왔다. 그 과정이 영혼 없

---

1 열 개의 음절로 구성되는 시행 열네 개가 일정한 운율로 이어지는 14행시.
2 압운이 없는 약강 5보격 시.

는 기계 장치의 작동처럼 느껴졌다. 원고를 우체통에 넣으면, 적당한 시간이 흐른 후 우체부를 통해 나에게 돌아온다. 상투적인 거절 쪽지가 함께 온다. 그 기계의 한 부분이, 즉 반대편 끝에 교묘하게 맞물려 있는 어떤 톱니바퀴와 크랭크 덩어리가(따뜻한 피가 흐르고 숨을 쉬는 살아 있는 사람일 리가 없었다) 나의 원고를 다른 봉투에 집어넣고, 안에서 우표를 꺼내, 새 봉투의 겉면에 풀로 붙인 다음, 거절 쪽지를 동봉한다.

이런 상황이 몇 달간 계속되었다. 나는 여전히 암흑 속에 있었다. 아직 필요한 경험을 티끌만큼도 얻지 못했다. 시인가 산문인가, 유머인가 소네트인가, 단편소설인가 수필인가, 어느 쪽이 더 잘 팔릴지에 대해 나는 처음보다 아는 게 많지 않았다. 몇 가지 막연한 생각이 들긴 했다. 1천 단어당 최소 10달러는 받아야 하고, 내가 두세 편만 발표를 하면 편집자들은 내 상품을 극성스럽게 요구할 테고, 원고가 어떤 편집자의 손에 4~5개월간 머물러 있다고 해서 그 원고가 팔린 건 아니라는 취지의 막연하고 흐릿한 생각들이었다.

1천 단어당 최소 10달러는 어찌 된 것일까? 내가 맹신적으로 믿은 이 금액은 어느 일요 신문의 부록에서 주워 읽은 것이었음을 고백할 필요가 있다. 이와 마찬가지로 글을 쓰려는 나의 열망에는 아름답고 애틋한 소박함이 배어 있었다는 점도 고백할 필요가 있다. 최고가가 얼마인지는 몰라도, 다른 사람들은 그 가격을 받게 놔두자. 남들이야 어떻든 나는 항상 최소 가격에 만족하리라. 일단 시작을 하고 나면 하루에 적어도 3천 단어를 쓰면서 일주일에 닷새간 일하리라. 그러면 충분한 휴식을 취할 수 있고, 과잉 공급을 피하면서도 한 달에 600달러를 벌 수 있겠지.

앞서 말했듯이 기계는 몇 달간 작동했다. 그런 뒤 어느 날 아침, 우체부가 어느 잡지사에서 보낸 편지 한 장, 바로 그거다, 편지 한 장, 길고 두꺼운 우편물이 아니라 짧고 얇은 우편물을 갖고 왔다. 우표 문제와 집주인 문제가 나를 잔인하게 짓누르고 있었고, 잡지사에서 온 이 짧고 얇은 편지는 분명 두 문제를 단숨에 해결해줄 터였다.

나는 편지를 즉시 열어볼 수 없었다. 어떤 무서운 물건 같았다. 그 안에는 편집자가 쓴 글이 담겨 있었다. 그가 속한 잡지사는 내가 일류로 분류한 곳이었다. 거기엔 내가 쓴 4천 단어 분량의 소설이 있었다. 그렇다면 얼마지? 나는 물었다. 어쨌든 최소 금액으로, 그래, 40달러겠지, 나는 대답했다. 이렇게 맞닥뜨릴 수 있는 모든 실망에 대비한 후 나는 편지를 개봉했다. 그리고 거기에 적힌 글자는 내 기억 속에 불꽃으로 남아 영원히 지글거리겠구나라는 생각이 들게 했다. 슬프게도, 몇 년 되지 않았지만, 자세한 내용은 잊고 말았다. 하지만 편지의 골자는 냉담하게, 내 소설이 쓸 만하여 다음 호에 실을 예정이며 그 대가로 총 5달러를 지불하겠다는 취지였다.

5달러라니! 1천 단어당 고작 1달러 25센트라니! 내가 그때 그 자리에서 죽지 않은 것을 보면 내겐 끝까지 살아남아 결국 최고령 주민이 될 자격을 주는 별나게 억센 영혼이 있는 게 분명하다.

  5달러라니! 언제? 편집자는 언급하지 않았다. 내겐 그의 제안을 수락하거나 거절하겠다는 뜻을 전할 우표마저 없었다. 바로 그때 주인집 여자의 어린 딸이 뒷문을 똑똑 두드렸다. 두 문제가 그 어느 때보다 맹렬하게 해결을 요구하고 있었다. 최소 금액 같은 건 없는 게 분명했다. 나가서 석탄을 캐는 것 외에는 남은 방도가 없었다. 전에도 그 일을 했고, 이보다는 돈을 많이 벌었다. 나는 다시 그 일을 하기로 결심했다. 잡지 〈블랙캣〉이 아니었다면 분명 그랬을 것이다.

  그래, 〈블랙캣〉이었다. 우체부가 건넨 편지에는 4천 단어의 소설에 40달러가 적당하나, 현재로서는 장점보다 장황함이 앞서니 절반으로 줄일 수 있게 허락해달라는 내용이 적혀 있었다. 그렇다면 20달러였다. 허락을 해달라고? 나는 답장을 보내 그 돈을 보내주기만 하면 절반으로 줄여도 된다고 말했고, 그들은 그렇게 했다. 앞서 얘기한 5달러로 말하자면, 소설이 발표된 후 창피함을 무릅쓰고 무수한 실랑이를 벌인 끝에 결국 그 돈을 받아냈다.

  나는 석탄을 캐겠다는 결심을 잊고서 계속 타자기를 두드렸고, 어느 젊은 여자는 그 모습을 보고 "손가락 끝에서 형용사들이 떨어져 내린다"고 재미있게 표현했다. 이 무렵 나는 어떻게인지는 기억나지 않지만 우연히 〈에디터〉를 만나게 되었다. 맨 처음 읽은 호는 내가 맹목적으로 그 많은 에너지를 허비했구나 하는 큰 후회를 불러일으켰다. 〈에디터〉로부터 배운 것을 나열하자면

100분의 1도 말로 할 수 없지만, 그 잡지가 내게 저술을 전업으로 하여 우표 문제와 집주인 문제를 한꺼번에 해결할 방도를 가르쳐 주었다는 사실은 확실히 말할 수 있다. 〈에디터〉는 내게 글을 팔 시장과 내가 기대할 수 있는 가격을 가르쳐주었다. 그렇게 해서 나는 매달 지출을 감당하기에 충분한 양을 쓸 수 있었고, 지금까지 나머지 시간은 온통 진지한 일에 매달리고 있는데, 그건 항상 위험성이 높은 투자 사업들이다.

이 짧은 경험담을 마무리하는 대목에서, 내가 고생해서 얻은 일반 원칙을 몇 가지 소개하고자 한다. 당신에게 의지하는 가족이 하나라도 있다면 글을 쓰기 위해 직장을 그만두지 마라. 모든 장르 중 소설이 가장 낫고, 품질이 좋으면 더 쉽게 팔린다. 좋은 농담은 좋은 시보다 빨리 팔리고, 피와 땀을 기준으로 봤을 때에도 더 큰 보상을 가져온다. 불행한 결말, 가혹한 결말, 잔인한 결말, 비극적인 결말, 무서운 결말은 피하라. 당신이 쓴 글이 활자화되는 것을 보고 싶다면 말이다. (이와 관련해서는 내 행동을 따르지 말고, 내 말을 따르기 바란다.)

유머러스한 글은, 쓰기는 가장 어렵지만 가장 쉽게 팔리고, 보수도 가장 좋다. 그런 글을 쓸 줄 아는 사람은 매우 적다. 당신에게 그런 능력이 있다면 기필코 활용하라. 클론다이크[3] 강과 란트[4] 호

---

[3] 골드러시로 유명했던 캐나다 북서단의 유콘 주에 있는 지방.
[4] 골드러시로 유명했던 남아프리카 공화국 비트바테르스란트 금광 지역.

수가 만나 굽이쳐 흐르는 광경이 눈앞에 펼쳐질 것이다. 마크 트웨인[5]을 보라.

아침 식사를 거르며 6천 단어 분량의 이야기를 급히 쓰지 마라. 너무 많이 쓰지 마라. 10여 편의 이야기에 땀을 분산하기보다 한 편의 이야기에 모든 땀을 집중하라. 빈둥거리며 영감이 오기를 기다리지 마라. 곤봉을 들고 전속력으로 영감을 쫓아다녀라. 그러다 보면 영감을 얻지 못해도 그와 아주 유사하게 생긴 무언가를 얻을 것이다. 스스로 '할당량'을 정하고, 매일 그 양을 지키도록 하라. 한 해가 끝났을 때 더 많은 글이 당신의 이름을 달고 세상에 나와 있을 것이다.

성공한 작가들의 기술을 공부하라. 그들은 여러분의 손가락을 베고 있는 도구들을 능숙하게 정복했다. 그들은 일을 하고 있고, 그들의 작품은 그 일이 어떻게 이루어졌는지를 보여주는 내적 증거[6]를 품고 있다. 난데없이 선한 사마리아인이 나타나 당신에게 일러주기를 기다리지 말고, 스스로 그 증거를 캐내라.

땀구멍이 열려 있고 소화가 잘되게 하라. 확신하건대 이보다 더 중요한 규칙은 없다. 그렇다고 나를 칼라일[7]과 한 패거리로 취

---

5 마크 트웨인(Mark Twain, 1835~1910). 미국의 소설가. 새뮤얼 랭혼 클레먼스(Samuel Langhorne Clemens)가 본명이다. 주요 작품으로《톰 소여의 모험》,《허클베리 핀의 모험》,《다서 왕 궁전의 코네티컷 양키》등이 있다.
6 글 자체가 보여주는 증거.
7 토머스 칼라일(Thomas Carlyle, 1795~1881). 영국의 사상가·역사가. 물질주의, 공리주의에 반대하여 자본주의를 비판했다.

급하진 말아달라.

노트를 가까이 하라. 노트를 갖고 여행하고, 노트를 곁에 두고 식사를 하고, 노트를 머리맡에 두고 잠을 자라. 뇌 안으로 퍼덕이며 들어오는 길 잃은 생각들을 놓치지 말고 붙잡아 노트에 담아라. 값싼 종이가 회색질보다 잘 썩지 않고, 연필심의 흔적이 기억보다 오래 간다.

그리고 공부하라. 이 말을 대문자로 써보라. **공부하라(WORK)**. 항상 공부하라. 이 지구와 이 우주에 관하여, 만물의 힘과 물질에 관하여, 그리고 그 힘과 삼라만상의 물질을 통해 희미한 빛을 발하는 정신에 관하여 탐구하라. 사실 이 모든 말을 합치면 인생철학을 위해 공부하라는 뜻이 된다. 인생철학은 우리가 간직하며 잘 가꾸는 한, 아무리 잘못되어도 상처를 입히진 않는다.

세 가지가 중요하다. 좋은 건강, 공부, 인생철학. 그리고 여기에 네 번째를 더할 수 있다. 아니, 더해야 한다. 바로 진정성이다. 진정성이 없으면 나머지 셋은 무용지물이 된다. 진정성이 있어야 우리는 가시밭길을 지나 위대함에 이를 수 있고, 위인들과 한자리에 앉게 된다.

무섭고 비극적인 소설

1903년 6월 〈비평가(The Critic)〉에 실린 글로,
1970년 킹 헨드릭스(King Hendricks)와 어빙 셰퍼드(Irving Shepard) 편집으로
사후 출간된 《잭 런던 리포트(*Jack London Reports: War Correspondence, Sports Articles, and Miscellaneous Writings*)》에 수록됐다.

본인은 귀사가 앞으로 계속 나의 책을 출판하기를 간절히 원하는 바이며, 만일 그 책을 내고자 하신다면 본인은 일전에 귀사가 나에게 허락해준 조건들을 기쁘게 수용할 것입니다. 다시 말해 모든 수익은 귀사의 몫이며, 본인에겐 친구들에게 증정할 20부를 보내주시면 됩니다.

에드거 앨런 포는 1841년 8월 13일, 리 블랜처드 출판사에 위와 같이 써 보냈다. 그들은 이런 답장을 보냈다.

형편이 여의치 않아 새로운 집필을 독려하기 어렵다고 말씀드리게 되어 안타까울 따름입니다. (…) 분명히 말씀드리지만 우리는 귀하에 대해서는 물론이고 우리 자신에 대해서도 이 점을 아쉽게 여기고 있습니다. 출판과 관련하여 귀하의 견해를 구하는 것이 우리에겐 큰 기쁨이기 때문입니다.

5년 후인 1846년, 포는 E. H. 다이킹크[1]에게 아래와 같은 편지를 보냈다.

특별한 사정으로 인해 저의 이야기들을 실은 또 한 권의 책을 3월 1일 이전에 출판하기를 간절히 바라고 있습니다. 저를 위해 그렇게 해주실 수 있으신지요? 제가 지금 보낼 선집의 판권으로 가령 50달러 전액을 와일리 씨가 지급해주지 않으실까요?

당대의 작가들이 버는 수입을 기준으로 볼 때, 포는 자신이 쓴 소설들의 대가로 거의 또는 전혀 돈을 받지 못한 셈이다. 1900년 가을, 그가 쓴 《태멀레인》과 그 밖의 시(Tamerlane and Other Poems)》의 현존하는 세 권 중 한 부가 2050달러에 팔렸다. 이 금액은 아마 그가 모든 소설과 시를 연재하거나 판매하고 받은 액수보다 많을 것이다.*

한편으로 그는 같은 시대의 평범한 작가들에도 못 미치는 빈약한 보상을 받았지만, 다른 한편으로는 그들 대다수를 합친 것보다

---

[1] 에버트 오거스터스 다이킹크(Evert Augustus Duyckinck, 1816~1878). 미국의 출판업자, 전기 작가.

더 강력한 영향을 남겼고, 더 오랫동안 빛나는 명성을 획득했다. 쿡[2]은 포에게 이런 편지를 보냈다.

지난겨울 당신의 〈브로드웨이 저널(Broadway Journal)〉[3]의 한 호에서 〈발데마르 사건(The Valdemar Case)〉[4]을 보았는데, 나는 사냥용 위장막 안에 누워 외투를 눈까지 끌어올려 감싸고 두려움에 떨며 읽었습니다. 나는 전혀 망설이지 않고 그 이야기를 그 어떤 뇌가 지어내거나 그 어떤 손이 다룬 것보다 더 지독하고 사실적이고 오싹하고 머리가 쭈뼛 서고 충격적이고 독창적인 허구의 사건이라 선언합니다. 그 아교질의 끈적거리는 인간의 목소리란! 지금까지 그런 생각을 해낸 사람은 없었습니다. 그 소설 때문에 나는 백주 대낮에 겁이 나, 타이론터키 쌍발총으로 무장을 했었지요. 한밤중에 어느 낡고 무시무시한 시골집이었다면 사람을 어떻게 만들었을까요?

선생님의 소설에는 항상 읽고 난 후에도 뇌리에서 떠나지 않는 어떤 특이한 점이 있습니다. 베레니스의 이빨, 모렐라의 변하

---

* "〈종(The Bells)〉의 원고는 지난 5월 6일 필라델피아의 경매장에서 2100달러에 낙찰되었다. 같은 경매에서 《〈알 아라프〉, 〈태멀레인〉 그리고 단조의 시들(Al Aaraaf, Tamerlane, and Minor Poems)》의 초판은 1815달러에 팔렸다." _〈비평가〉

2 필립 펜들턴 쿡(Phillip Pendleton Cooke, 1816~1850). 미국의 법률가, 시인. 에드거 앨런 포로부터 찬사와 격려를 받은 바 있다.
3 포가 유일하게 매입한 적이 있는 주간잡지.
4 원제는 The Facts in the Case of M. Valdemar이다.

는 눈, 어셔가의 그 노려보는 듯한 붉은 틈새, 〈병 속에서 발견된 원고(MS. Found in a Bottle)〉에 나오는 갑판의 기공들, 〈리지아(Ligeia)〉에서 술잔으로 떨어지는 생생한 액체 방울들—항상 마음에, 적어도 나의 마음에 들러붙어 떨어지지 않는 이런 유의 것들이 있지요.

같은 무렵, 후에 미스 배릿(Miss Barrett)으로 불린 엘리자베스 배릿 브라우닝[5]은 포에게 아래와 같은 편지를 써 보냈다.

이곳 영국에서 당신의 〈갈까마귀(Raven)〉는 센세이션, '공포 발작'을 일으켰습니다. (…) 사람들이 "끝났어(Nevermore)"[6]에 사로잡혔다는 이야기가 들리고, 내가 아는 한 사람은 불행하게도 "팔라스의 흉상"을 갖고 있는데, 이제 해 질 녘에는 그 조상을 쳐다보지 못한답니다. (…) 또한 신문에 연이어 나오고 있는 (…) 당신의 이야기가 있지요. 최면술에 관한 그 소설은 우리 모두를 "가장 존경스러운 혼란"에 빠뜨렸고, 유령 이야기를 들은 아이들이 하는 말처럼 "사실일 수 있는지" 아닌지에 대하여 두려운 의심을 불러일으켰습니다. 문제의 이야기에서 확실한 것은 작가의 역량, 그리고 있을 법하지 않은 무서운 일들을 가깝

---

5 엘리자베스 배릿 브라우닝(Elizabeth Barrett Browning, 1806~1861). 영국의 대표 여성 시인. 작품에 《포르투갈인으로부터의 소네트》, 《오로라 리》 등이 있다.
6 갈까마귀의 울음소리.

고 친숙하게 만드는 능력입니다.

그의 소설은 사람들을 "가장 존경스러운 혼란"에 빠뜨리고, 백주 대낮에 남자들을 두렵게 하여 "사냥용 위장막"에 들어가게 했으며, 더 나아가 널리 읽혔다고 말할 수도 있지만, 당시 사람들 사이에는 그의 소설을 대단히 역겹고 읽을 수 없는 부류의 이야기로 깎아 내리는 정서가 있었던 듯하다. 대중은 포의 이야기를 읽었지만 포는 대중과 접촉하지 않았다. 그리고 대중이 그에게 잡지사 편집자들의 입을 통해 말할 때 그들은 결코 애매한 용어로 말하지 않았고, 그래서 반항심에 사로잡힌 그는 자신만의 잡지를 꿈꾸었다. 그것은 "경멸스러운 그림, 패션 도판, 음악, 사랑 이야기"로 가득 채워진 "달콤하고 감상적인" 잡지가 아니라, 대상 자체에 초점을 맞춰 얘기하는 잡지, 대중이 좋다고 떠들어대는 잡설보다는 이야기이기 때문에 이야기를 말하는 잡지였다.

제임스 E. 히스[7]는 〈어셔 가의 몰락(The Fall of the House of Usher)〉을 언급한 편지에서 포에게 이렇게 말했다.

그[*]는, 대단한 필력과 능력으로 쓰였다 해도 독일파의 이야기

---

[7] 제임스 이웰 히스(James Ewell Heath, 1792~1862). 잡지 〈서던 리터러리 메신저(Southern Literary Messenger)〉의 편집자. 에드거 앨런 포가 1835년부터 1837년까지 이 잡지 편집자로 일했다.

[*] 〈서던 리터러리 메신저〉의 창간자이자 편집자 토머스 윌리스 화이트(Thomas Willis White, 1788~1843)를 가리킨다.

에 〈메신저〉의 독자들이 큰 흥미를 느낄지 의심하고 있습니다만, 당신에게 솔직히 말하건대 나 역시 그의 견해에 강하게 동의하는 바입니다. 거칠고, 있을 법하지 않고, 무서운 유의 이야기가 이 나라에서 언제까지나 인기 있으리라는 생각은 좀처럼 들지 않습니다. 내가 보기에 그렇게 묘사된 저작들에는 찰스 디킨스가 최후의 치명타를 가했습니다.

그럼에도 당대의 작가들, 인기 있는 이야기를 써서 더 쉽게 팔고 더 높은 금액을 받았던 사람들은 그들의 이야기와 함께 죽고 잊힌 반면, 포와 그의 이야기들은 지금껏 살아 있다. 어떤 면에서 포의 역사를 장식하는 이 측면은 실타래처럼 엉킨 역설에 해당한다. 편집자들은 그가 쓴 이야기를 출판하고 싶어 하지 않았고, 사람들은 읽고 싶어 하지 않았지만, 그래도 그의 이야기들은 널리 읽히고 논의되고 기억되었으며, 외국 신문에까지 연재되었다. 당시에 그의 소설들은 돈을 거의 벌지 못했지만, 이후에는 막대한 돈을 벌었고 지금도 꾸준히 높은 판매고를 기록하고 있다. 그의 소설들은 미국에서 절대 인기를 얻지 못할 것 같다는 게 당시의 일반적인 믿음이었지만, 꾸준한 매출, 전집판, 계속 출간되는 이런저런 글은 아무리 줄잡아도 지속성이 있다고 말할 수밖에 없는 꾸준한 인기를 증명한다. 음울하고 소름 끼치는 〈어셔가의 몰락〉, 〈리지아〉, 〈검은 고양이(The Black Cat)〉, 〈아몬틸라도 술통(The Cask of Amontillado)〉, 〈베레니스(Berenice)〉, 〈함정과 진자

⟨The Pit and the Pendulum⟩〉, 〈붉은 죽음의 가면(The Masque of the Red Death)〉은 오늘날 그 어느 때보다 더 열렬한 독자층을 확보하고 있다. 특히 젊은 세대가 그러한데, 이 젊은이들은 희끗희끗한 노인들이 읽고 인정하고, 인정한 사실을 잊어버리고 마지막으로 혹평과 비난을 던진 것들 위에 승인의 인장을 찍는다.

그러나 포의 시대에 통용되었던 조건들은 지금도 그때만큼 냉혹하게 통용되고 있다. 출판할 원고를 살피는 편집자는 자존심이 있다면 아무리 뇌물을 주거나 들볶는다 해도 무섭거나 비극적인 이야기를 자신의 잡지에 싣진 않는다. 또한 독자 대중은 우연히 그런 이야기를 만나면—또는 그런 게 어찌어찌하여 그들에게 다가오면—도저히 구미에 맞지 않는다고 말한다.

그런 이야기를 읽은 사람은 몸서리를 치며 책을 내려놓고 이렇게 말한다. "온몸이 오싹하는걸. 다시는 이런 걸 읽고 싶지 않아." 하지만 그는 또다시 그런 걸 읽고, 기회가 오면 다시 읽고, 또 읽고, 다시 돌아가 또 그런 소설을 읽는다. 독서 대중이라 할 수 있는 평범한 사람들과 얘기해보라. 그러면 그들이 출판된 공포 이야기를 모두 혹은 거의 모두 읽었다는 걸 알게 된다. 그리고 그들은 몸서리를 치면서 그런 이야기에 반감을 표하고, 계속하여 놀라울 정도로 훌륭한 예리함과 이해력을 보이며 그에 대해 이야기할 것이다.

그렇게 많은 사람들이 이런 이야기를 비난하면서도 계속 읽는다는 사실(솔직한 경험담 그리고 가령 포의 소설이 올린 것과 같은 높은 판매고가 이 사실을 충분히 입증한다) 앞에서 이런 의문이 발생한다. 사람들이 몸서리를 치면서 무섭고 끔찍하고 비극적인 소설을 좋아하지 않는다고 말할 때, 그들은 과연 정직한가? 그들은 무서워지는 걸 정말로 싫어하는가? 아니면 공포가 좋아지는 걸 두려워하는가?

인간의 깊은 곳에는 두려움이 있다. 두려움은 가장 먼저 세상에 나왔고, 원시 세계에서 지배적인 감정이었다. 그런 면에서 두려움은 현재에도 가장 확고한 감정으로 남아 있다. 그러나 원시 세계에서 인간은 단순했고, 아직 자의식이 없었다. 그들은 공포를 유발하는 이야기와 종교를 진솔하게 즐겼다. 대단히 복잡하고 자의식을 가진 요즘 사람들은 공포를 유발하는 것들을 좋아하지 않는단 말인가? 아니면 정말로 자신의 기쁨이 알려지는 걸 부끄러워하는 것인가?

어두워진 후 소년들이 귀신 나오는 집으로 끌리듯 다가가 돌을 던지고는 걸음아 날 살려라 하고 줄행랑을 놓는 이유는 무엇일까? 어린아이를 사로잡아 유령 이야기에 귀를 쫑긋 세우게 하고 황홀한 두려움에 빠뜨리는 것도 모자라, 또 해달라고 자꾸만 조르게 만드는 건 대체 무엇일까? 해로운 것일까? 아이의 본능은 불건전하고 사악하다고 경고하는데 아이의 욕망이 날아가 꽂히는 그런 것일까? 혹은, 다시 한 번 묻지만, 길고 어두운 복도를 지나거나 구불구불한 계단을 올라가는 사람을 두근거리게 하고 발걸음을 재촉하게 하는 건 무엇일까? 그들 안에 야만인이 꿈틀

대는 것일까? 온 부족이 강변에 웅크리고 앉아 모닥불을 쬐거나 숲 속에 한데 모여 앉아 어둠 속에서 두런두런 얘기하던 시절이 까마득히 지난 지금, 잠이 들었으나 결코 죽지 않은 그 야만인이?

그것이 무엇이든, 좋은 것이든 나쁜 것이든, 분명 실제로 존재한다. 포는 우리의 내면에 바로 그것을 일깨우고, 두려움을 불러일으켜 우리를 "존경스러운 혼란"에 빠뜨린다. 어둠을 무서워하는 성인이 그 사실을 터놓고 얘기하는 경우는 드물다. 어둠을 무서워하는 건 적절치 않아 보이기 때문에 그들은 부끄러워한다. 사람들은 두려움과 공포를 일깨우는 이야기를 즐기는 건 적절치 않다고 느끼는 듯하다. 사람들은 본능적으로 그런 감정을 일깨우는 건 나쁘고 해롭다고 느끼고, 이 때문에 어쩔 수 없이 그런 이야기는 싫다고 말하지만, 실은 그런 이야기를 좋아하는 것이다.

브룩스 애덤스[8] 선생이 지적했듯이, 월터 스콧이 이용한 주된 감정이 용기였다면, 디킨스가 이용한 주된 감정은 두려움이었다. 호전적인 귀족 계급은 과도한 용기를 지니고 있었고 용감한 것에 보다 쉽게 반응했다. 반면에 부상하는 부르주아 계급은 소심한 상인들과 도시 거주자들로, 난폭한 지배자들의 억압과 강탈에서 난생 처음 벗어난 탓에 과도한 두려움을 지니고 있었고 무서운 것에 더 잘 반응했다. 이런 이유로 그들은 디킨스의 작품을 게

---

[8] 헨리 브룩스 애덤스(Henry Brooks Adams, 1838~1918). 미국의 역사가, 작가. 주요 저서로《제퍼슨과 매디슨 통치하의 미국사》,《몽 생 미셸과 샤르트르》,《헨리 애덤스의 교육》, 소설《민주주의》,《에스더》가 있다.

걸스럽게 읽었다. 스콧이 낡고 사멸해가는 귀족 계급의 대변자였다면, 디킨스는 정확히 부르주아의 대변자였다.

하지만 디킨스 시대 이래로, 편집자들의 태도와 독서 대중의 의견으로 판단해볼 때, 어떤 변화가 자리를 잡은 듯하다. 디킨스 시대의 부르주아는 지배계급인 동시에 신흥 계급으로서, 마치 두 세대 전에 아프리카에서 건너온 흑인 유모가 부두교의 주술을 두려워하는 것처럼, 여전히 강한 두려움을 안고 있었다. 하지만 오늘날 이 부르주아는 굳게 뿌리를 내린 성공한 계급으로서 과거의 공포를 부끄러워하고, 그것을 단지 언짢은 악몽으로 희미하게 기억한다. 강한 두려움을 안고 있을 땐 두려움을 자극하는 것을 무엇보다 좋아했지만, 두려움이 멀리 사라져 더는 위협이나 괴로움을 느끼지 않게 되자 부르주아는 공포를 두려워하게 되었다. 이 말은 부르주아가 자의식을 갖게 되었다는 뜻이다. 이는 자유를 찾은 흑인 노예가 '검다'는 말에 딸린 낙인을 자각하고서 자신을 유색의 신사라 부르지만 내심으로는 여전히 새까만 검둥이로 남아 있다고 느끼는 것과 아주 흡사하다. 이처럼 막연하고 불가사의하게 부르주아는 비겁했던 시절의 두려움에 딸려 있는 낙인을 느끼고서는 자의식이 발동하여 두려움을 자극하는 모든 것에 부적절하다는 낙인을 찍지만, 한편으로는 감춰진 존재의 내밀한 곳으로 들어가 그런 것들을 즐기는 것이다.

물론 이 모든 것은 독서 대중의 심리에 약간의 모순이 있음을 설명하려는 가설적 시도에 불과하다. 하지만 기정사실들은 사라지지 않는다. 대중은 두려움을 자극하는 이야기를 두려워하면서도 위선적으로 그런 이야기를 계속 즐긴다. 최근에 나온 W. W. 제이콥스[9]의 단편 선집 《바지선의 부인(The Lady of the Barge)》을 보면 그가 통상적으로 들려주는 독특한 유머 이야기들 사이에 몇 편의 무서운 이야기가 산재해 있다. 어떤 이야기가 가장 강하게 다가왔느냐고 10여 명의 친구에게 묻자, 그들은 한결같이 〈원숭이의 앞발(The Monkey's Paw)〉이라고 대답했다. 사실 〈원숭이의 앞발〉은 같은 장르의 어느 소설 못지않게 완벽하다. 친구들은 만장일치로 아주 온당하게도 몸서리를 치며 그런 이야기를 좋아하는 건 아니라고 말했지만, 그런 후에는 열정과 깊은 이해를 보이며 대화를 나누었는데, 친구들의 그런 태도는 그 이야기가 불러일으킨 이상한 흥분이 무엇이었든 간에 어쨌든 즐거운 기분이었음을 분명히 드러냈다.

오래전 앰브로즈 비어스[10]는 처음부터 끝까지 그야말로 섬뜩한 공포와 전율로 가득한 책 《군인과 민간인 이야기(Tales of Soldiers and Civilians)》를 발표했다. 편집자 입장에서 겁도 없이 그중 한 편이라도 출판한다는 건 자신의 재정과 직업을 한꺼번에 목졸라 죽이는 짓이었다. 하지만 해가 거듭되어도 사람들은 《군인

---

[9] 윌리엄 위마크 제이콥스(William Wymark Jacobs, 1863~1943). 영국의 작가. 대부분 희극적인 작품을 썼으나 공포 소설 〈원숭이의 앞발〉로 유명하다.
[10] 앰브로즈 그위넷 비어스(Ambrose Gwinnett Bierce, 1842~1914). 미국의 언론인, 소설가. 작품에 《삶의 한가운데서》, 《악마의 사전》 등이 있다.

과 민간인》을 계속 입에 올린 반면, 달콤하고 건전하고 낙관적이고 행복하게 끝나는 무수한 책들은 인쇄소를 떠나기 무섭게 잊혀 갔다.

W. C. 모로[11] 선생은 보다 침착한 쪽으로 바뀌기 전 젊은 혈기에 사로잡혀 《원숭이, 천치, 그 밖의 사람들(*The Ape, the Idiot, and Other People*)》을 발표하는 실수를 범했다. 이 책에는 영어로 된 이야기 중 가장 끔찍하고 무서운 축에 드는 글 몇 편이 실려 있다. 이 책은 즉시 그에게 유명세를 안겨주었고, 그 후 그는 보다 높은 예술 개념을 마음에 품고서 무섭고 끔찍한 이야기를 단호히 접고 완전히 다른 책들을 썼다. 그러나 《원숭이, 천치, 그 밖의 사람들》에 실린 것 같은 이야기를 좋아하지 않는다고 한입으로 말하는 사람들에게 나중의 다른 책들은 앞의 책만큼 쉽게 기억되지 않았다.

최근에 나온 두 권의 선집에는 공포 소설이 한 편씩 실려 있는데, 열 명의 평론가 중 아홉 명이 두 권 모두에서 가장 칭찬할 만한 작품으로 그 공포 소설을 선정했고, 그렇게 칭찬한 아홉 명 중 다섯이 뒤이어 그 소설을 혹평했다. 라이더 해거드[12]의 《그녀(*She*)》는 섬뜩한 공포가 물씬 풍기는 소설로, 오랫동안 인기를 누

---

11 윌리엄 체임버스 모로(William Chambers Morrow, 1854~1923). 미국의 작가. 공포 및 추리 단편소설로 유명하다.
12 헨리 라이더 해거드 경(Sir Henry Rider Haggard, 1856~1925). 영국의 소설가. 《솔로몬 왕의 금광》, 《그녀》 등 통속소설로 인기를 얻었다.

리며 호평을 받았고, 《지킬 박사와 하이드 씨의 기이한 사례(The Strange Case of Dr. Jekyll and Mr. Hyde)》는 더 큰 성공을 거두면서 R. L. 스티븐슨을 전면에 부각시켰다.

공포 이야기는 그렇다 치고, 비극적이거나 무서운 주제를 완전히 외면한다면 어떤 소설이 위대할 수 있을까? 인생의 달콤하고 진부한 것들이 달콤하고 진부하지 않은 이야기의 재료가 될 수 있을까?

아마 그렇지 않으리라. 세계문학의 보물 창고에 소장돼 있는 위대한 단편소설들은 모두 비극적이고 무서운 요소에 의존해 그 힘과 위대함에 도달한 것으로 보인다. 그중 절반은 사랑을 전혀 다루지 않으며, 사랑을 다룰 때에도 사랑 자체에서가 아니라 그 사랑과 관련된 비극적이고 무서운 요소에서 문학적 위대함을 이끌어낸다.

아주 전형적인 예로, 〈정식 결혼을 하지 않고(Without Benefit of Clergy)〉[13]가 이 부류에 들어갈 수 있다. 존 홀든과 아미라의 사랑은 계급적으로 어울리지 않고 위태롭기 때문에 위대해지고, 토타와 아미라의 비극적인 죽음, 그들이 살았다는 사실의 완전한 말살, 존 홀든의 자기 계급으로의 복귀로 인해 잊을 수 없는 이야기가 된다. 인간 본성의 심연을 울려 전달하려면 압박과 긴장

---

[13] 러디어드 키플링의 단편소설. 젊은 영국 엔지니어 존 홀든은 인도의 원주민 여성 아미라와 사랑에 빠져 그녀를 그녀의 어머니에게서 산다. 둘은 행복하게 살지만 어린 아들이 죽게 되고 뒤이어 아미라 또한 콜레라에 걸려 죽는 등 비극적인 결말로 치닫는다.

이 필요한데, 달콤하고 낙관적이고 잔잔한 행복이 흐르는 사건에는 압박도 긴장도 흐르지 않는다. 위대한 일은 위대한 도발이 있어야 이루어지지만, 달콤하고 잔잔한 삶의 순환에는 딱히 도발적인 게 존재하지 않는다. 사람들이 로미오와 줄리엣을 기억하는 이유는 상황이 매끄럽게 흘러서가 아니며, 아벨라르와 엘로이즈, 트리스탄과 이졸데, 파올로와 프란체스카도 마찬가지다.

위대한 단편소설의 대다수는 사랑을 다루지 않는다. 예를 들어 〈하룻밤의 잠자리(A Lodging for the Night)〉[14]는 가장 원숙하고 완벽한 소설 중 하나로 꼽히지만, 사랑을 암시하지 않을뿐더러 우리가 살면서 만나고 싶은 듯한 인물을 한 명도 암시하지 않는다. 테브냉이 살해당하는 이야기로 시작하여, 한밤중 거리에서 광란의 질주가 벌어지고 현관 앞에서 노파가 쌈지를 강탈당하고, 늙은 브리제투 경이 열 개가 아닌 일곱 개의 은접시를 소유하고 있기 때문에 살해당하지 않는 이야기로 끝이 난다. 이 소설은 무섭고 역겨운 것투성이지만, 바로 그 지독함이 소설을 위대하게 만든다. 소설은 폐가에서 프랑수아 비용과 허약한 브리제투 경이 주고받는 말장난이 전부인데, 만일 그로부터 압박과 긴장이 흘러나오지 않는다면 그리고 등에 스무 개의 보정기를 찬 늙은 영주와 비용이 마주 보는 구도를 이루고 있지 않다면 도저히 소

---

[14] 1882년 출간된 로버트 루이스 스티븐슨의 단편집 《신(新)아라비안나이트(New Arabian Nights)》에 실린 단편소설.

설이라 할 수 없다.

〈어셔가의 몰락〉은 무서운 것에 전적으로 의존하여 그 위대함을 성취하는데, 그 안에는 사랑이 전무하다. 기 드 모파상[15]의 〈목걸이(La Parure)〉와 〈가는 끈(La Ficelle)〉, R. 키플링의 〈과거의 그 남자(The Man Who Was)〉와 〈음매 음매, 까만 양(Baa Baa, Black Sheep)〉도 마찬가지이며, 이 마지막 소설은 비극 중에서도 가장 처량한, 어린아이의 비극을 다룬다.

잡지사 편집자로서는 무섭고 비극적인 것을 배척할 명분이 충분하다. 독자가 무섭고 비극적인 것이 싫다고 말하면, 그걸로 충분하고 더 생각할 여지가 없다. 하지만 그렇게 말하는 독자들은 노골적으로 발뺌을 하는 것이거나, 진실을 말한다고 스스로를 속이는 것이며, 이도 저도 아니면 그 잡지를 읽는 사람은 가령 포의 작품 같은 무서운 글을 꾸준히 구입하는 사람이 아닐 것이다.

현 상황에서 무섭고 비극적인 것을 찾는 수요의 존재가 입증된다면, 다른 요소들이 가득 들어찬 분야에 무섭고 비극적인 것에 기본적으로 매진하는 잡지가 들어설 공간은 없는 것일까? 포가 꿈꾸던 유의 잡지, 즉 지나치게 감상적이거나 야하거나 무기력한 이야기들을 완전히 몰아내고, 그 자리에 최대한의 유통보다는 가치와 영속성을 위해 쓰인 소설들을 활자화하는 잡지가 탄생할

---

15 기 드 모파상(Henri René Albert Guy de Maupassant, 1850~1893). 프랑스의 소설가. 단편소설 300여 편과 장편소설 여섯 편을 남겼다. 작품에 〈비곗덩어리〉, 〈목걸이〉, 《여자의 일생》 등이 있다.

순 없을까?

  내가 본 바로, 두 가지 사실은 분명하다. 독서 대중 가운데 비극적이고 무서운 것을 좋아하는 사람들은 대체로 아주 솔직하게 그런 잡지를 골라 구독하리라는 것과 이 땅의 작가들은 그런 이야기를 공급할 능력이 있다는 것이다. 오늘날 그런 이야기들을 쓰지 않고 있는 유일한 이유는 그런 이야기를 사는 잡지사가 없기 때문이고, 작가들이 잡지사에 팔, 주로 하루살이 같은 물건을 생산하느라 바쁘기 때문이다. 애석하게도 작가들은 명예를 빵 뒤로 미룬 채 글을 쓰고 있고, 그들의 생활수준은 빵을 얻는 능률에 정확히 비례하여 향상되고 있으며, 그래서 그들은 결코 명예 주위에 도달하지 못하고 있다. 하루살이가 번성하는 가운데, 위대한 소설은 백지로 남아 있다.

문학적 성공을 위한
여덟 가지 요소

1917년 2월 〈실루엣(The Silhouette)〉에 실린 글이다.

"나는 1876년 샌프란시스코에서 태어났습니다. 내가 거의 맨 처음 깨달은 것은 책임져야 할 일들이었지요. 나는 읽기나 쓰기를 배운 기억이 전혀 없지만, 다섯 살에 둘을 모두 할 수 있었습니다. 여덟 살부터는 목장의 어린 일꾼으로 열심히 일했어요.

가슴속에 모험에 대한 갈망이 강했기에, 집을 떠났지요. 그 후 샌프란시스코 만에서 굴 해적들과 합류했고, 스쿠너[1]에 올라 선원으로 일하다 연어잡이 배로 갈아탔고, 평선원으로 승선하여 일본 해안까지 물개를 잡는 항해를 했습니다. 7개월 동안 물개 사냥을 한 후에는 캘리포니아로 돌아와 탄광, 항만, 황마(黃麻)[2] 공

1　둘 이상의 돛대를 가진 세로돛 범선.
2　마대, 밧줄 따위의 재료.

장을 전전하며 일했지요.

 그 후 나는 캘리포니아에서 보스턴까지 그리고 위아래로 미국 전역을 떠돌며 여행했고, 캐나다를 거쳐 태평양 연안으로 돌아와서는 부랑죄로 옥살이를 하기도 했어요. 떠돌이 경험은 나를 사회주의자로 만들었지요. 그 이전까지 나는 노동의 존엄성에 깊이 공감했습니다. 일이 전부였어요. 일은 만족이자 구원이었죠. 나는 일자리가 사람을 찾는 광활한 서부를 힘겹게 벗어나, 입에 풀칠할 돈을 벌기 위해 사람이 일자리를 찾아다니는 몇몇 동부 주의 밀집한 노동의 중심지로 갔습니다. 거기, 사회적 구덩이의 밑바닥에서 허우적대는 노동자들을 목격한 나는 완전히 다른, 새로운 각도에서 인생을 바라보게 되었죠.

 열아홉 살에 오클랜드로 돌아와 고등학교 과정을 시작했고, 생계 수단으로 건물 청소를 하며 1년 동안 공부했습니다. 고등학교를 그만둔 후, 3년 과정을 3개월 동안 독학으로 '벼락치기'를 하고서 캘리포니아 대학교에 입학했어요. 나는 세탁소에서 일했고, 나를 도와줄 펜을 항상 지참했답니다. 하지만 과제가 너무 많은 탓에 1학년의 절반을 마친 후 대학을 그만두었지요.

 석 달 후 작가로서 실패했다고 판단한 나는 작가 수업을 포기하고 금을 찾아 클론다이크 강으로 떠났습니다. 그리고 바로 그곳에서 나 자신을 발견했지요. 그곳에선 아무도 말을 하지 않습니다. 모두 생각을 합니다. 누구나 자신의 진정한 시각을 갖게 되지요. 나도 내 시각을 얻었고요.

내가 문학에서 성공할 수 있었던 가장 큰 요인들이 무엇이냐는 질문에, 나는 이렇게 답하겠습니다.

굉장한 행운, 좋은 건강, 좋은 머리, 정신과 근육의 좋은 상관관계, 가난, 여덟 살에 퀴다(Quida)[3]의 《표기하시오(Signa)》[4]를 읽은 것, 허버트 스펜서의 〈문체의 철학(Philosophy of Style)〉[5]의 영향, 오늘 시작하려는 사람들보다 20년 일찍 시작한 것 때문이라고.

앞서 말한 모든 요인보다도, 내가 항상 **진실**했고, 이 길의 어느 단계에서도, 심지어 풀 먹인 칼라가 목에 상처를 낼 수 있을 때에도 그걸 착용하는 장면처럼 극히 작고 엄청나게 우스운 세부 묘사에서도 진실을 속이지 않았기 때문이라고 말입니다.

내 건강은 좋았습니다. 나는 그걸 이용해 그 모든 자유를 누렸어요. 태어날 때부터 튼튼했고, 탁 트인 자연에서 거칠고 힘들게 운동하면서 살았기 때문에 항상 건강이 좋았지요.

나는 잉글랜드와 웨일스 출신의 후손이지만 프렌치·인디언전쟁[6]이 일어나기 오래전부터 미국에서 살아온, 유서 깊은 미국 혈통을 물려받고 태어났습니다. 나의 남부끄럽지 않은 머리에는 그런 이유가 있습니다.

가난이 내 등을 떠밀었어요. 그러나 엄청난 행운 덕분에 가난

---

3 영국 소설가 마리 루이즈 드 라 라메(Marie Louise de la Ramée, 1839~1908)의 필명.
4 1875년 출간된 장편소설.
5 1852년 발표한 에세이. 글쓰기의 형식주의적 접근이 팽배해가는 경향을 탐구했다.
6 1754~1763년 북아메리카에서 영국과 프랑스가 벌인 전쟁.

이 날 파멸시키진 못했습니다. 굴을 약탈하던 동료들은 그 후 거의 모두가 교수형을 당하거나, 총에 맞거나, 물에 빠져 죽거나, 병으로 죽거나, 감옥에서 여생을 보내고 있지요. 이 중 어떤 일이라도 열일곱 살이 채 되기 전에 나에게 일어날 수 있었습니다. 내게 엄청난 행운이 따랐던 거지요.

퀴다의 《표기하시오》를 읽으세요. 나는 여덟 살에 읽었습니다. 이야기는 이렇게 시작합니다. '그는 어린 소년에 불과했다.' 어린 소년은 이탈리아 산골의 소작인이었습니다. 그는 이탈리아 전역을 걸어 다녔고, 화가가 되었어요. 그 이야기를 읽을 때 나는 가난한 캘리포니아 목장에 사는 어린 소년이었습니다. 그 이야기를 읽은 후, 언덕배기에 머물렀던 나의 좁은 지평선이 뒤로 물러났고, 용기를 내면 온 세상이 가능해졌지요. 난 용기를 냈습니다.

〈문체의 철학〉을 읽으세요. 그 글을 통해 나는 생각, 아름다움, 감각, 감정을 흰 종이 위에 검은 기호로 변질시키는 데 필요한 교묘하고 다양한 방법들을 배웠습니다. 그 기호들은 독자의 눈을 통해 뇌로 들어가고, 뇌에 의해 다시 나와 일치하는 생각, 아름다움, 감각과 감정으로 변화합니다. 무엇보다 그 글은 내가 기호를 잘 선택하여 독자에게 내 생각이나 상상이나 감정을 현실화할 수 있도록, 독자의 뇌를 **이해**하는 법을 가르쳐주었습니다. 또한 올바른 기호는 독자의 뇌 에너지를 최소한 소비하여, 내 마음의 내용물이 독자의 마음으로 흘러들 때 그걸 인식하고 즐길 수 있는 에너지를 최대한 남겨주는 기호입니다.

오늘날의 작가에 대해 하고 싶은 말은 이렇습니다.

20년 전에 영리한 작가가 한 명이었다면 오늘날에는 영리한 작가가 500명입니다. 오늘날 훌륭한 글은 훌륭한 글의 바다에 잠겨 있습니다. 어쨌든 내가 보기엔 그렇습니다."

나는 어떻게
사회주의자가 되었나

1903년 3월 〈동지(The Comrade)〉에 처음 실린 글로,
1905년 출간된 《계급 전쟁(War of the Classes)》에 수록됐다.

내가 사회주의자가 된 것은 게르만족 이교도가 기독교인이 된 방식과 다소 비슷했다고 말하는 게 올바르겠다. 사회주의는 내 머리에 망치로 주입되었다. 개종하는 시기에 나는 사회주의를 찾아보는 건 고사하고, 오히려 사회주의와 싸우고 있었다. 나는 아는 거라곤 쥐뿔도 없는 아주 어린 풋내기였고, '개인주의'라는 학파에 대해 들어본 적조차 없으면서도 진심으로 강자들의 윤리를 노래했다.

나 자신이 강해서였다. 강하다는 말은 내게 좋은 건강과 단단한 근육이 있다는 뜻으로, 두 재산에는 쉽게 설명할 수 있는 이유가 있었다. 나는 캘리포니아의 대목장에서 유년을 보냈고, 소년기에는 활기찬 서부 도시의 길거리에서 신문을 팔았으며, 젊은 시절엔 신선한 공기가 흘러넘치는 샌프란시스코 만과 태평양 연안에서 살았다. 나는 야외에서 살기를 좋아했고, 야외에서 가장 힘든 노동일들을 하며 땀을 흘렸다. 장사는 배우지 못했지만, 여러 직업을 전전하면서 세상을 보았고, 세상이 모든 면에서 멋지다고 생각했다. 다시 말하지만 이 낙천성은 내가 아프거나 쇠약하여 괴로움을 당하는 일이 전혀 없을 정도로 건강하고 강했기 때문이다. 나는 약골처럼 보여 우두머리에게 거절당한 적이 한 번도 없었고, 탄광 일이든 뱃일이든 육체노동에서는 항상 일자리를 구할 수 있었다.

그리고 이 모든 것 때문에, 나의 청춘에 미친 듯 기뻐하고 일할 때나 싸울 때나 나 자신을 지킬 수 있었기 때문에, 나는 과격한 개인주의자였다. 그건 아주 당연했다. 난 승리자였다. 그러므로 내가 그 방식을 봤거나, 봤다고 생각한 바에 따라, 이건 인간들(MEN)에게 아주 적절한 게임이라고 생각했다. 인간(MAN)이 되려면 내 가슴 위에 인간(man)이란 글자를 대문자로 쓰면 되었다. 한 명의 인간처럼 모험하고, 한 명의 인간처럼 싸우고, 한 명의 인간이 하는 일을 (심지어 보수가 쥐꼬리만 하더라도) 하는 것, 다른 무엇보다 이런 것들이 곧바로 다가와 내 생각을 사로잡았다. 나는 안개 속에 무한히 펼쳐져 있는 미래를 바라보았고, 인간에게 적합하다고 생각했던 그 게임을 하면서 완벽히 건강하고 어떤 사고도 당하지 않고 항상 힘이 넘치는 근육을 간직한 채 미래 속으로 계속 여행하리라 믿었다. 앞서 말했듯 미래는 무한했다. 니체의 **금발의 야수들**[1] 속에서 나 자신도 순전히 개인의 우수성과 힘에 의지해 욕심껏 유랑하고 정복하고 끝없이 날뛰며 인생을 살아가는 모습이 눈앞에 그려졌다.

불행한 자들, 병들고 아프고 늙고 불구가 된 자들에 대해서는, 고백하건대 거의 생각조차 하지 않았다. 사고만 없다면 그들도 나처럼 훌륭해질 수 있었다. 정말 간절히 원하고, 나처럼만 일할 수 있다면 말이다. 사고? 글쎄, 사고란 운명(FATE)의 표현이었고, 그 또한 대문자로 적혀 있으니, 그걸 우회할 방도는 없었다. 나폴레옹은 워털루에서 사고를 당했지만, 그 때문에 후세에 또 한 명의 나폴레옹이 되겠다는 나의 욕망이 사그라지지는 않았다. 쇳조각을 소화할 수 있는 위와 온갖 고난에도 아주 건강한 몸뚱이에서 자라난 그 낙관주의는 사고란 것이 나의 영광스러운 존재와 털끝만큼이라도 관계가 있으리라는 생각을 허락하지 않았다.

이 대목에서 나는 자연이 강한 힘을 부여한 귀족 계급에 속한 걸 자랑으로 여겼음을 밝히고 싶다. 노동의 존엄은 세상의 그 무엇보다 내 가슴을 울렸다. 칼라일이나 키플링을 읽은 적은 없었지만 나는 그들의 설교가 무색할 정도로 노동의 복음을 공식화했다. 노동이 전부였다. 노동은 신의 축복이자 구원이었다. 하루의 고된 노동을 멋지게 마무리한 후 느끼곤 했던 자부심을 여러분은 상상할 수 없으리라. 그 시절을 돌이켜볼 때 나 자신도 상상하기 힘들다. 나는 자본가가 착취했던 임금 노예 중 그 누구보다

---

1   니체의 이상적인 인간상.

충실했다. 임금을 지불하는 사람 앞에서 뺀질거리거나 꾀병을 부린다는 건, 먼저 나에게, 다음으로 그에게 죄악이었다. 내가 보기에 그건 반역에 버금가는 극악한 범죄였다.

요컨대 나의 즐거운 개인주의는 정통 부르주아 윤리에 속박되어 있었다. 나는 부르주아 신문을 읽었고, 부르주아 목사의 설교를 들었고, 부르주아 정치인의 낭랑한 헛소리에 환호했다. 그리고 의심의 여지 없이, 다른 사건들 때문에 나의 진로가 바뀌지 않았다면 나는 전문 구사대(엘리엇 대통령이 미국의 영웅이라 부른 유의 하나)로 진화하여, 어느 투쟁적인 노동조합원이 휘두른 곤봉에 머리와 노동 능력이 박살 났을 터였다.

바로 이 무렵 평선원으로 7개월간의 항해를 마치고 돌아와 막 18세를 맞이한 나는 도보 여행을 해야겠다고 결심했다. 나는 화물열차를 몰래 타고 광활한 서부를 힘겹게 빠져나갔다. 남자들이 수말처럼 날뛰고 일자리가 사람을 찾아다니는 곳을 떠나, 사람들이 병든 감자 같고 입에 풀칠할 돈을 벌기 위해 직업을 찾아다니는 동부의 북적거리는 도시로 간 것이다. 그리고 금발의 야수가 경험한 이 새로운 모험 길에서 나는 새롭고 완전히 다른 각도로 삶을 보게 되었다. 나는 프롤레타리아트에서 사회주의자들이 '영세민 계급'이라 즐겨 부르는 신분으로 떨어졌고, 그 영세민 계급이 어떻게 채용되는지를 보고 큰 놀라움에 빠졌다.

그곳에는 모든 부류의 인간이 있었고, 그중 다수는 한때 나처럼 훌륭했고, 나처럼 금발의 야수였다. 선원, 군인, 노동자였던 사람들이 하나같이 노역과 곤궁과 사고로 인해 뒤틀리고 일그러져 온전한 형체를 잃었고, 늙은 말처럼 주인에게 버림받아 거리를 떠돌고 있었다. 나는 그들과 함께 거리에서 구걸을 하거나 뒷문을 두드렸고, 유개화차와 도심의 공원에서 와들와들 떨었으며, 그러는 동안 나만큼 혹은 나보다 더 좋은 소화기관과 체격 조건을 갖춘 사람들이 내 인생만큼이나 순조로운 조짐과 함께 출발했으나 내 눈앞에 펼쳐진 것처럼 핏빛이 낭자한 사회적 구덩이 밑바닥에서 끝나는 인생 이야기들을 들었다.

 이야기를 듣는 동안 나의 뇌가 돌아가기 시작했다. 거리의 여자와 밑바닥 인생을 사는 남자가 나와 바짝 가까워졌다. 그 사회적 구덩이의 그림이 마치 실재하는 물체처럼 생생히 나타났다. 그들은 그 구덩이의 밑바닥에서 땀을 뻘뻘 흘리며 온 힘을 다해 미끄러운 벽에 매달렸는데, 그들과 멀지 않은 곳에 내가 있었다. 이제 와서 고백하건대, 공포가 나를 덮쳤다. 힘이 바닥났을 때 난 어떻게 될까? 아직 태어나지도 않은 저 힘센 남자들과 어깨를 맞대고 일을 할 수 없을 땐? 그때 그곳에서 나는 굳게 맹세했다. 대략 이런 맹세였다. **나는 평생 이 몸뚱이 하나로 열심히 일했다. 그런데 내가 일한 날이 늘어날 때마다 꼭 그만큼 구덩이의 밑바닥에 가까워지는구나. 나는 저 구덩이 밖으로 기어 나와야 하지만, 이 몸의 근육으로는 도저히 못 나올 거다. 나는 더 이상 힘든 노동을 하지 않을 것이다. 만일 내가 하루라도 더 이 몸뚱이로 내게 꼭 필요한 정도를 초과하여 힘든 노동을 한다면, 하느님, 나를 내**

리쳐 귀머거리로 만드소서. 그 후로 나는 힘든 노동에서 멀리 도망치기에 바빴다.

여담이지만, 1만 킬로미터를 떠돌며 미국과 캐나다를 여행하는 동안, 길을 잃고 나이아가라폭포에 들어섰을 때 나는 요금을 징수하는 순경에게 붙잡혔고, 나를 변호할 권리를 박탈당한 채 주소가 부정하고 뚜렷한 생계 수단이 없다는 이유로 즉석에서 30일의 징역형을 선고받았으며, 수갑을 차고 사정이 비슷한 사람들과 함께 사슬에 묶인 뒤 마차에 실려 버펄로의 시골로 이송되었고, 이리 카운티 형무소에 수감되어 머리를 가위질당하고 막 돋아나기 시작한 콧수염을 밀리고 줄무늬가 쳐진 죄수복을 입었으며, 우리를 실습 대상으로 보는 의대생에게 강제로 예방주사를 맞았고, 간격을 좁힌 죄수 행진으로 걸어야 했고, 윈체스터 소총으로 무장한 간수들의 감시 아래 노동을 해야 했다. 이 모두가 금발의 야수 식으로 모험을 떠난 대가였다. 보다 자세한 사정에 관하여 증인은 입을 다무노라. 하지만 자신의 과도한 애국심이 좁아들면서 영혼의 밑바닥 어딘가에서 새어 나갔다고 넌지시 비출 순 있으리라. 적어도 그 경험을 한 후로 그는 가상의 지리적 경계보다는 평범한 어른들과 어린아이들에게 더 큰 관심을 기울이게 된다.

*

나의 개종으로 돌아와 보자. 과격한 개인주의는 나에게서 말끔히 빠져나갔고, 다른 어떤 것이 들어와 그 자리를 고스란히 채웠다. 하지만 나는 저도 모르게 개인주의자가 된 것과 똑같이, 이번엔 저도 모르게 과학적 밑바탕이 없는 사회주의자가 되어 있었다. 나는 다시 태어났지만 개명을 하지 못했고, 그래서 내가 어떤 부류의 인간인지를 알아내기 위해 동분서주했다. 나는 서둘러 캘리포니아로 돌아가 책을 잡았다. 맨 처음 펼친 책이 무엇이었는지는 기억나지 않는다. 어쨌든 지엽적인 문제를 다룬 사소한 책이었다. 그것이 무엇이든 나는 이미 그것이 되어 있었고, 책들을 통해 그것이 사회주의자임을 알게 되었다. 그날 이후로 나는 많은 책을 펼쳤지만, 그 어떤 경제학적 설명, 명료한 논리적 증명, 사회주의의 불가피성도 그날 맨 처음 내 주위에 사회적 구덩이의 벽이 올라가고 나 자신이 점점 아래로 미끄러져 유혈이 낭자한 바닥으로 떨어지는 광경을 보았을 때만큼 깊고 확실한 영향을 내게 새기진 못했다.

계급투쟁

《계급 전쟁》에 수록된 글이다.

불행인지 다행인지, 사람들은 마땅히 그래야 한다고 생각하는 방향으로 진실을 믿는 경향이 있다. 이는 인생 자체에 내재한 명랑한 낙관주의에서 비롯한다. 이 낙관주의는 때때로 개탄의 대상이 될 순 있지만 검열의 대상이 되어선 안 된다. 대체로 손해보다 이익을 더 많이 낳는 데다, 이 세계의 거의 모든 업적을 생산하는 힘이기 때문이다. 이 명랑한 낙관주의가 재난으로 이어진 경우들이 있다. 예를 들어, 폼페이가 마지막 용트림을 할 때에도 사람들은 그곳에 살았고, 루이 16세 시대의 귀족들은 혁명의 홍수가 그들의 자식들 또는 그 자식들의 자식들을 집어삼킬 거라고 자신만만하게 예상했지만, 그들 자신을 덮치리라고는 꿈에도 생각하지 못하고 있었다. 그러나 이 글에서 고찰해볼 고집스러운 낙관주의는 그런 재난으로 끝날 가능성이 적다. 그와 동시에 현재 우리 사회에 모습을 드러내고 있는 이 거대한 변화는 그 정점에 이르렀을 때에도 지금처럼 평화롭고 질서 정연하게 진행되리라고 믿을 이유가 충분하다.

미국 헌법에 대한 낙관주의 때문에 그리고 계급투쟁은 혐오스럽고 위험하다는 생각 때문에, 위대한 미국인들은 계급투쟁은 없다고 만장일치로 주장한다. 그런데 이 '미국인'이란 사실 국민의 인정을 받는 권위 있는 미국인의 대변자, 즉 언론계, 종교계, 학계를 의미한다. 기자들, 목회자들, 교수들은 사실상 한목소리로 미국에는 현재 벌어지고 있는 계급투쟁 같은 건 없을뿐더러, 앞으로도 영원히 계급투쟁은 없을 거라고 선언한다. 그들은 무수히 많은 사실들을 코앞에 두고도 계속 이렇게 선언하지만, 그 사실들은 그들의 진실성을 의심케 한다기보다는 그들의 낙관주의를 드러내주는 것이다.

계급투쟁이란 주제는 두 가지 방식으로 접근할 수 있다. 즉 계급투쟁의 존재는 이론으로도 입증할 수 있고 실제로도 입증할 수 있다. 사회 내에 계급투쟁이 존재하기 위해서는 첫째, 계급 불평등, 즉 (권력을 기준으로) 상위 계급과 하위 계급이 있어야 하고, 둘째, 하위 계급의 힘과 동요가 새어 나갔던 출구들이 닫혀 있어야 한다.

미국에 계급이란 것이 존재한다고 말하면 많은 사람들이 강하게 고개를 젓는다. 그러나 사람들이 집단을 형성하고, 그 구성원들이 그들에게만 유리한 동시에 외부인에겐 유리하지 않은 공동의 이해관계로 뭉칠 때, 바로 그 집단이 계급이란 건 논란의 여지가 없다. 자본을 소유한 자들과 그 종자(從者)들이 미국에서 바로 이 같은 성격의 집단을 이루고 있다. 노동자들도 비슷한 계급을 이루고 있다. 가령 소득세 문제에서 자본가계급의 이익은 노동자계급의 이익과 거의 정면으로 충돌한다. 그리고 인두세의 경우도 **마찬가지다**.

 이 두 계급 사이에 분명하고도 첨예한 이익 갈등이 발생하면, 계급투쟁을 일으키는 모든 요소가 존재하게 된다. 반대로 하위 계급 안에서 강하고 능력 있는 자들이 그 계급과 작별하고 상위 계급에 합류할 수 있다면, 투쟁은 동면 상태에 머문다. 미국에서 자본가계급과 노동자계급은 오랫동안 공존해왔지만, 지금까지 노동자계급에서 강하고 활동적인 자들은 계급의 경계를 뛰어넘어 자본의 소유주가 될 수 있었다. 그들이 이럴 수 있었던 것은 미국이라는 미개발 국가가 변경을 꾸준히 넓히며 모두에게 기회의 평등을 허락해서였다. 사람들은 주인 없는 광대한 천연자원을 아귀다툼하듯 차지했고, 자원을 개발하는 과정에서도 자본의 경쟁이 거의 또는 전혀 없었다. (오히려 개발 과정에서 자본이 형성되었다.) 노동자계급 가운데 능력 있고 영리한 자는 머리를 써서 출세할 수 있는 분야를 찾아냈다. 지능과 야망에 비례하여 불만을 키우고 자신처럼 능력이 있는 동료들 사이에 투쟁 정신을 퍼뜨리는 대신, 그는 동료들을 운명의 구렁텅이에 남겨두고 앞길을 개척하여 상위 계급으로 올라갔다.

그러나 변경이 팽창하고, 사람들이 천연자원의 소유권을 앞다투어 나눠 갖고, 새로운 기업들이 쑥쑥 생겨나던 시절은 지났다. 서부는 끝이 드러났고, 막대한 양의 잉여 자본이 투자처를 찾아 배회하면서, 소규모 초기 자본을 갖고 천천히 이익을 축적하며 상승하려는 초기 자본가들의 근면한 노력을 순이 돋는 즉시 잘라 먹는다. 기회가 흘러나오던 통로는 닫혀버렸고, 영원히 폐쇄되었다. 록펠러는 기름의 문을 닫아버렸다. 아메리칸타바코사(社)는 담배의 문을, 카네기는 철강의 문을 닫아버렸다. 카네기가 간 뒤 모건이 와서는 그 문을 삼중으로 잠가버렸다. 이 문들은 다시는 열리지 않을 것이고, 문 앞에 멈춰 선 수천 명의 야심 찬 젊은이들은 이런 플래카드를 볼 것이다. **통행금지**.

날마다 더 많은 문이 닫힐 테고, 야심 찬 젊은이는 계속 태어날 것이다. 상위 계급으로 올라갈 기회를 거부당한 바로 그들이 노동자계급에게 반란을 설파할 것이다. 가난한 스코틀랜드 소년 앤드루 카네기가 50년 후에 태어났다면, 그가 다니는 공장의 노조위원장이나 노조연합회의 회장이 되었을 테고, 자작 농장을 세우거나 다수의 도서관을 설립하진 못했을 것이다. 이는 앤드루 카네기가 태어나지 않았다면 다른 누군가가 철강 산업을 발전시켰으리라는 예상만큼 자명하다.

그렇다면 이론상 미국에는 계급투쟁을 일으킬 수 있는 요소가 모두 존재한다. 자본가계급과 노동자계급이 있고, 두 계급의 이해관계가 충돌하고, 이와 동시에 노동자계급은 과거처럼 최고의 능력과 두뇌를 위로 빼앗겨 거세당한 계급으로 존재하지 않는다. 능력 있는 노동자는 더 이상 위로 올라갈 수 없고, 거대한 대중은 지도자 없이 무기력하게 남아 있다. 능력 있는 노동자는 이제 대중의 지도자가 될 도리밖에 없다.

그러나 위대한 미국의 낙관적인 대변자들은 제 손으로는 이론을 능란하게 다루면서도, 이론만으로는 설득당하지 않는다. 따라서 객관적 사실들을 정리하여 계급투쟁의 존재를 입증할 과제가 우릴 기다린다.

자신의 고유한 이해관계로 긴밀히 묶인 200만에 가까운 사람들이 하나의 강한 조직으로 단결하여 자신들의 이익을 공격적으로 추구할 때, 그 사회의 내부에는 전쟁을 불사하는 적대적인 계급이 분명히 존재한다. 더 나아가 이 계급이 공격적으로 추구하는 이익이 다른 계급의 이익과 날카롭고 격렬하게 부딪힐 때, 계급 간의 반목이 발생하고 계급투쟁은 불가피해진다. 미국의 어느 노동단체는 회원수가 170만 명에 달한다. 바로 미국노동총동맹[1]이다. 하지만 그 외에도 큰 단체들이 많이 있다. 이 모든 사람이 자신들의 생활 조건을 개선하려는 뚜렷한 목적을 위해 단결했으며, 다른 모든 계급에게 부수적으로 돌아갈 수 있는 피해에는 개의치 않는다. 그들은 자본가계급을 공공연히 적대시하며, 그 지도자들의 선언문에는 자본가계급이 완전히 사라질 때까지 이 투쟁

---

1 1886년 창립된 미국의 직업별 노동조합 연합체.

은 결코 끝날 수 없다고 명시되어 있다.

그 지도자들은 대체로 이 마지막 언급을 부인하지만, 그들의 발언, 행동, 상황을 들여다보면 그들의 부인을 무시하게 된다. 우선 노동과 자본의 갈등은 양자가 함께 만들어낸 산물을 어떻게 나누느냐를 둘러싸고 벌어진다. 자본과 노동은 원재료에 투입되어 완성품을 만들어낸다. 완성품의 가치와 원재료의 가치가 다르다면 그 차이는 양자의 노력이 원재료에 추가한 가치일 것이다. 그러므로 이 추가된 가치는 양자가 함께 만들어낸 산물이며, 노동과 자본의 갈등은 바로 이 공동의 산물을 어떻게 분할할 것인가를 둘러싸고 벌어진다. 노동은 자신의 몫을 임금으로 취하고, 자본은 자신의 몫을 이윤으로 취한다. 만일 자본이 공동의 산물을 모두 이윤으로 취한다면, 노동이 소멸하리라는 것은 자명하다. 이와 마찬가지로 만일 노동이 공동의 산물을 모두 임금으로 취한다면, 자본이 소멸하리라는 것도 자명하다. 그런데 이 후자가 바로 노동이 간절히 원하는 바이며, 노동은 공동의 산물을 전부 취해야만 만족하리라는 것은 그 지도자들의 말을 통해 명확히 입증된 바이다.

미국노동총동맹의 회장, 새뮤얼 곰퍼스[2] 씨는 이렇게 말했다. "노동자는 더 많은 임금, 더 많은 삶의 위안, 더 많은 여가를 원하고, 인간으로서, 노조원으로서, 시민으로서 자기 계발의 기회를

---

[2] 새뮤얼 곰퍼스(Samuel Gompers, 1850~1924). 영국 태생의 미국 노동운동 지도자.

더 많이 원한다. **이는 어제의 욕구이자, 오늘의 욕구이자, 내일의 욕구이자, 모레의 욕구이다.** 투쟁은 새로운 형태를 띨 수 있지만, 문제는 먼 옛날부터 존재해왔다. 다시 말해, 생산자는 자신의 산물에서 흘러나오는 부를 점점 더 많이 손에 쥐고자 노력한다."

미국 의류노동조합의 간사이자 전국시민연합 산업위원회 위원인 헨리 화이트 씨는 전국시민연합 출범 직후 한 연설에서 이렇게 말했다. "서로의 팔에 몸을 던지고, 동지애를 맹세하고, 상처 입은 몸과 마음에 슬픔을 표하는 것으로는 냉엄한 사실들을 변화시키지 못한다. 노동자는 계속 더 많은 보수를 요구하고, 고용주는 당연히 그에 반대할 것이다. 주로 싸움을 위한 노동자의 준비와 능력이 임금의 양 또는 생산물의 분배량을 결정한다. (…) 하지만 수익을 분배하는 문제, 여기에 어려움이 있다. 노동력을 절감하는 수단을 통해 생산량이 늘어나면 나눌 수 있는 양이 많아지므로 더 좋다는 점에는 우리 모두 동의할 수 있지만, 이때에도 다시 분배의 문제가 대두한다. (…) 조정위원회가 사회적 신뢰를 획득하고, 산업 분야의 실질적 지식을 가진 사람들로 구성된다면, 이 적대 관계를 완화하고, 피할 수 있는 갈등을 예방하고, **휴전**을 맺는 데 도움이 될 수 있다. 그러나 내가 '휴전'이란 말을 사용한 것은 그 합의가 일시적일 수밖에 없기 때문이다."

몇 년만 일찍 태어났다면 1천 개의 언덕 위에 소 떼를 풀거나, 목재 왕이 되거나, 철도 왕이 되었을지 모르는 사람이 여기 있다. 하지만 그는 자신의 계급에 머물러 있고, 미국 의류노동조합의 간사이며, 계급투쟁에 매우 깊이 젖어들어 자본과 노동 간의 분쟁을 전쟁으로, 노동자와 고용주 간의 **싸움**으로 설명한다. **갈등**을 어느 정도 피하는 것은 가능하고, 경우에 따라서는 **휴전**도 당분간 유효하다고 말이다.

인간은 인간이고 천사에는 크게 못 미치며, 따라서 공동 생산물을 둘러싼 분배의 다툼은 조정될 가망이 없다. 지난 20년간 미국에서는 한 해 평균 1천 건 이상의 파업이 발생했고, 해가 거듭할수록 그 수는 증가하고 있으며, 노동자 군대의 전선은 갈수록 당당해지고 있다. 이 싸움은 계급투쟁이며, 순수하고 단순하다. 계급으로서의 노동이 계급으로서의 자본과 싸우고 있는 것이다.

노동자는 계속 더 많은 보수를 요구하고, 고용주는 계속 그에 반대할 것이다. 자유방임주의의 기조는 이것이다. 각자 알아서 살아남고, 그러지 못하면 악마의 손에 잡힌다. 과격한 개인주의자는 바로 이 기조에 근거하여 개인주의를 구축한다. 이는 될 대로 되라는 방책, 생존 투쟁이며, 생존 투쟁은 강자를 강하게 만들고 약자를 파괴하여 인간의 혈통을 더 훌륭하고 능력 있게 만든다. 그러나 개인은 물러가고, 더 좋든 나쁘든 집단이 도래했으며, 그와 함께 투쟁도 개인 간의 투쟁이 아니라 집단 간의 투쟁이 도래했다. 여기에서 의문이 발생한다. 개인주의자는 노동자 집단이 자본가 집단을 파괴하고 산업 수단을 독점하여 스스로 운영할 수 있을 만큼 충분히 강해지고 있다는 사실을 한 번도 숙고해보지 못했을까? 더 나아가, 만일 용어의 혼동을 허용한다면, 개인주의자는 이 상황이 여전히 개인주의의 표현—즉 집단 개인주의의 표현—이라는 것을 한 번도 숙고해보지 못했을까?

하지만 계급투쟁의 현실은 이제까지 밝힌 것보다 더 깊고 더 의미심장하다. 경우에 따라서는 약 100만의 노동자가 이익 추구를 위해 노동조합을 만들고 계급 간 반목과 투쟁을 일으키면서도, 그로 인해 빚어지는 상황을 의식하지 못할 수도 있다. 그러나 약 100만의 노동자가 자신이 속한 계급을 의식하고 있다—즉, 계급의식으로 무장했다—는 명백한 징후를 보인다면, 상황은 심각해진다. 노동조합원이 비조합원에게 품고 있는 비타협적이고 지독한 증오는 한 계급이 그 계급의 배반자에게 품는 증오가 되고, 이와 동시에 노동조합원이 민병대[3]에게 품고 있는 증오는 한 계급이 그의 투쟁 상대인 다른 계급이 휘두르는 무기에 품는 증오가 된다. 어떤 노동자도 자신의 계급에 충실하다면 그와 동시에 민병대의 일원이 될 수는 없다. 이는 노동계 지도자들의 공식 견해다.

필자가 사는 도시에서는 선량한 시민들이 7월 4일 퍼레이드에 참여하라고 노동조합을 초대하면, 조합은 민병대가 행진할 경우 퍼레이드에 참석하지 않겠다고 통보한다. 스케넥터디[4]의 페인트공·실내장식가 노조 규약의 제8항은 "파업이나 공장 폐쇄를 비롯한 노동쟁의가 발생한 동안 개인이나 기업에 민병대원, 특수

---

3 미국 남부에 본거지가 있는 극우 준군사 조직.
4 뉴욕 주 중부의 도시.

경찰관, 보안관 대리로 고용된 적이 있는 자는 회원이 될 수 없으며, 회원이 위의 직위 중 어느 자리에라도 고용되면 조합원 자격을 박탈한다"고 명시하고 있다. 윌리엄 포터 씨는 이 노조의 조합원이자 주(州) 방위군이었다. 그는 자신의 중대가 소요를 진압하기 위해 출동할 때 주지사의 명령을 따랐기 때문에 노조에서 추방되었다. 또한 노조는 그의 고용주인 샤퍼 베리사(社)에 그를 해고하라고 요구했다. 그들은 파업 위기에 직면하기보다, 이 요구에 응하는 쪽을 선택했다.

뉴헤이븐의 민병중대인 라이트가드의 중위 로버트 L. 워커 씨는 최근에 퇴역했다. 자신은 자동차공 노조의 조합원이고, 두 단체는 서로 적대한다는 것이 퇴역 이유였다. 얼마 전 뉴올리언스에서 노면전차 파업이 일어났을 때, 어느 민병중대는 비노조원을 보호하라는 출동 명령이 떨어지자 단체로 퇴역했다. 국제 금속기계 노조연합 의장 존 멀홀랜드 씨는 조합원이 민병대에 가입하는 것을 원하지 않는다고 말했다. 뉴욕 주의 시러큐스 지방 노조의회는 주 방위군에 소속된 조합원에게 자진해서 나가지 않으면 제적시킨다는 조건하에 노조에서 탈퇴할 것을 요구하는 안을 무기명 투표로 통과시켰다. 판금노동자 노조연합은 "정규군, 또는 주 민병대나 해군 예비대에 소속된 사람은 누구나" 노조연합에서 방출한다는 수정안을 규약에 포함시켰다. 일리노이 주 노동총연맹은 최근의 한 총회에서 군사 조직에 소속되어 있는 것 자체가 노조의 의무 조약을 위반한 것이라 선언하고 모든 조합원에게 민병대에서 탈퇴할 것을 요구하는 결의안을 단 한 표의 반대도 없이 통과시켰다. 이 연맹의 의장인 앨버트 영 씨는 민병대는 노조뿐 아니라 전국의 모든 노동자를 위협하는 존재라고 선언했다.

위와 같은 사례를 모두 모으면 1천 배로 늘어날 것이다. 조합원 노동자들은 그들이 어떤 계급에 속해 있고, 그 계급이 자본가 계급과 어떤 투쟁을 벌이고 있는지를 점점 더 분명히 의식하고 있다. 민병대원은 곧 노조의 반역자다. 민병대는 적대적인 두 집단의 투쟁에서 고용주들이 노동자를 쓰러뜨리기 위해 휘두르는 무기이기 때문이다.

이 계급투쟁에는 흥미롭고 훨씬 더 의미심장한 양상이 있다. 사회주의자들에 의해 모습을 드러내고 있는 정치적 양상이 그것이다. 다섯 명이 나란히 서면 놀라운 일을 할 수 있고, 500명이 역사적으로 유명한 마르세유의 500인처럼 행진을 하면 왕궁을 약탈하고 왕을 죽일 수 있으며, 50만 명이 계급투쟁의 이념을 열심히 설파하고, 같은 신념을 지닌 전 세계의 1천만 명으로부터 도덕적·지적 지원을 받는다면, 우리의 이 미국에서 계급투쟁이 현실로 나타나는 순간에 매우 가까이 다가갈 수 있다.

1900년에 이 사람들은 15만 표를 던졌고, 1902년에는 30만 표를, 1904년에는 45만 표를 던졌다. 그들 뒤에는 대단히 막강한 철학 및 과학 문헌이 있고, 수준과 품위와 신중함을 두루 갖춘, 사진이 들어간 다수의 잡지와 평론지가 있으며, 전국에 유통되는 수많은 일간지와 주간지가 있고, 단일지로 구독자가 수십만 명에 이르는 신문들이 있고, 노동자계급이 머리까지 잠길 만큼 많은 소책자와 팸플릿이 있다. 미국의 어떤 정당, 어떤 교회 조직이나 선교 활동도 사회주의 정당만큼 지칠 줄 모르는 일꾼을 넉넉히 보유하지 못하고 있다. 그들은 제 스스로 증식해나가고, 대의를 위해서라면 어떤 노력이나 희생도 마다하지 않는다. 그들에게 '대의(Cause)'는 항상 대문자로 표기된다. 그들은 종교적인 열정으로 대의에 봉사하고, 기독교의 순교자들처럼 기꺼이 대의를 위해 죽는다.

지금 이 사람들은 한 치도 양보할 수 없는 격렬한 계급투쟁을 설파하고 있다. 사실 그들은 계급투쟁을 초석으로 삼고 그 위에 조직을 건설했다. 그들은 이렇게 말한다. "사회의 역사는 계급투쟁의 역사다. 로마 초기에는 귀족이 평민과 싸웠고, 중세에는 왕과 시민이 귀족과 싸웠으며, 후에는 왕과 귀족이 부르주아와 싸웠다. 오늘날 투쟁은 승리한 부르주아와 부상하는 프롤레타리아 사이에 벌어지고 있다. '프롤레타리아'란 자본이 없어 생계를 위해 자신의 노동을 파는 계급을 말한다. 프롤레타리아는 승리하리라. (숙명론의 어조에 주목하라.) 이는 떠오르는 태양처럼 자명하다. 18세기의 부르주아가 민주주의를 정치에 접목하기를 원했던 것처럼, 20세기의 프롤레타리아는 민주주의를 산업에 접목하기를 원한다. 부르주아가 귀족에 의해, 귀족을 위해 운영되는 정부에 불만을 터뜨린 것처럼, 프롤레타리아는 부르주아에 의해, 부르주아를 위해 운용되는 정부와 산업에 불만을 품고 있다. 그리하여 이제 프롤레타리아는 선행자의 전철을 밟아, 정부를 소유하고, 민주주의를 산업에 접목하고, 합법화된 강탈에 불과한 임금제도를 폐지하고, 자신의 이익을 위해 국가를 운영할 것이다. 그들의 목표는 노동자계급과 그에 동조하는 사람들을 묶어 정당을 조직하고, 더 나아가 정부의 권력을 빼앗고 그 기구들을 이용해 생산 및 분배 수단을 사적으로 소유하는 현 체제를, 전 인민의 집단 소유 체제로 변형시키는 것이다."

간단히 말해, 이는 스스로를 '사회주의자'라 칭하는 이 45만 명의 전쟁 계획이다. 그리고 그런 공격적인 인간 집단이 엄연히 존재하므로, 낙관적인 미국인은 "계급투쟁은 터무니없소. 선생, 계급투쟁이란 없습니다."라고 말하지만 실은 그마저도 계급투쟁을 쉽게 부인하지 못한다. 계급투쟁은 우리 앞에 존재하므로, 낙관적인 미국인은 팔짱 끼고 앉아서, 존재하지 말아야 할 것은 지금 존재하지 않으며 앞으로도 결코 존재하지 않는다고 연설하기보다는 소란에 적극 대비하고 그 소란을 멈추는 편이 나을 터이다.

하지만 사회주의자들, 열광적인 사람들, 몽상가들은 당연한 요구에도 불구하고 선견지명과 통찰력, 그리고 천재적인 조직화 능력을 발휘하지 못했고, 그로 인해 그들이 공개적으로 편들어 싸우는 계급에 망신을 안겼다. 사회주의자들은 완전한 정치적 선전을 신속히 수행하여 성공을 거두는 데 실패하고, 가장 영리하고 가장 쉽게 조직할 수 있는 유권자층을 소외하고 있음을 깨달은 후, 그 경험으로부터 교훈을 배우고 그들의 에너지를 노동조합 운동에 쏟기 시작했다. 노동조합을 손에 넣는다는 것은 전쟁에서 거의 승리한다는 것이며, 최근의 사건들은 그들이 방향을 돌린 후 자본가들보다 훨씬 더 많은 승리를 거두었음을 보여준다.

과거의 정책이 노조와 대립하는 것이었다면, 이제 사회주의자들은 노조의 환심을 사고 있다. "훌륭한 사회주의자들이여, 모두 자신의 노동조합에 가입하라." 칙령이 떨어졌다. "내부에서 올라와 노조 운동을 장악하라." 그리하여 이 운동은 불과 몇 년 사이에 가장 순진한 기대마저 훌쩍 뛰어넘는 성과를 거두었다. 오늘날 규모가 큰 노동조합에는, 토대를 잠식하는 그들의 노력에 대하여 그들 자신이 생생히 묘사하듯, '내부에서 올라온' 사회주의자들이 곳곳에 침투해 있다. 일터와 놀이터에서, 업무 회의와 대책 회의에서 그들의 영리하고 은밀한 선전은 계속되고 있다. 노동조합원 옆에는 그에게 공감하고, 머리와 손으로 도움을 주고, 정치적 행동의 필요성을 일러주는—끊임없이 일러주는—사회주의자가 있다. 미시건 주 랜싱의 한 공화당 신문은 이렇게 말했다. "노동조합에서 일하는 사회주의자들은 지칠 줄 모르고 일을 한다. 그들은 성실하고 활동적이고 헌신적이다. (…) 노조에 충실하고, 쉬지 않고 일하는 덕분에, 그들은 일반적인 기준으로는 가늠할 수 없을 만큼 그 숫자에 비해 놀라운 성과를 올리고 있다. 현재 그들의 대의가 노동조합원들 사이로 퍼져나가고 있으니, 노총을 정치 조직으로 전환하기 위한 그들의 오랜 투쟁은 아마 승리하리라 생각된다."

그들은 기회가 오면 놓치지 않고 정치적 행동의 필요성을, 즉 그들이 사회를 지배하기 위해서는 무엇보다 사회의 정치 기관을 장악할 필요가 있음을 납득시킨다. 그 예로, 미국 사회주의자들은 영국의 유명한 타프-베일 판결[5]을 매우 신중히 고려했다. 비법인 조합도 고소당할 수 있고 법적 절차에 따라 그 기금을 강탈당할 수 있다는 것이 이 판결의 취지였다. 미국 전역에서 사회주의자들이 지적한 바는 〈사회민주주의 헤럴드(Social-Democratic Herald)〉가 지적한 바와 유사하다. 〈헤럴드〉는 그 판결에 비추어 노동조합원들에게 돈이 부족하니 돈으로 자본과 싸우려 하지 말고, 그들의 가장 강한 무기인 투표로 싸우라고 충고했다.

밤낮으로 지칠 줄 모르고 꾸준히, 그들은 사회의 기초를 잠식하는 과업을 자진하여 수행한다. 최근에 노동조합주의를 열심히 공부한 M. G. 커니프 씨는 이렇게 말한다. "조합의 깊은 곳까지 사회주의가 스며들어 있습니다. 나 외에 거의 모든 사람이 사회주의자이며, 노동조합주의는 임시변통에 불과하다고 설파하고 있어요." 그들은 커니프 씨에게 이렇게 말했다. "맬서스는 빌어먹을 놈이오. 모든 사람이 자신의 가족을 안락하게 부양할 수 있는 좋은 시절이 오고 있었기 때문이지." 2천 명의 조합원이 있는 노조에서 모든 사람이 사회주의자라는 걸 알게 된 커니프 씨는 자

---

[5] 1901년 철도노조 파업에 대해 노조에 손해배상을 내린 판결로, 큰 반발을 불러일으킨 끝에 5년 후 무효화되었다.

신의 경험을 통해 이렇게 고백하지 않을 수 없었다. "내가 사는 세계는 우리의 산업 분야가 쉴 새 없이 발효하면서 밑에서부터 요동치고 있는 곳이었다."

사회주의자들은 이미 서부 광부 연맹, 서부 호텔레스토랑 동맹, 목형공 전국연합을 장악했다. 서부 광부 연맹은 최근에 열린 총회에서 이렇게 선언했다. "파업은 지금까지 노동계급에게 자유를 확보해주지 못했다. 그러므로 우리는 노동자들에게 이제 한 인간으로서 자유를 위해 투표소에서 파업을 하라고 요청한다. (…) 우리는 독자적인 정치 행동 계획에 전념함으로써 새로운 기록을 남기고자 한다. (…) 우리는 사회주의 정당의 강령에 찬성하며, 그것을 우리의 조직화를 위한 원리의 선언문으로 받아들이고자 한다. (…) 우리는 조합원 개개인에게 각자의 도시와 주에서 사회주의 운동을 즉시 시작하고, 사회주의의 원리와 사회주의 정당을 발전시키는 일에 적극 협조하라고 요청한다. 사회주의 정당이 조직을 갖추지 못한 주에서 우리는 우리의 조합원들에게 끝까지 모든 지원을 제공하기를 권하는 바이다. (…) 그러므로 우리는 노동운동의 전체적인 계획에 정통한 능력 있는 조직가들에게 각 주로 내려가 경제 분야뿐 아니라 정치 분야에서도 조직화가 필요하다고 설파할 것을 요청한다."

자본가계급은 사회의 한복판에서 모양을 갖추고 있는 계급투쟁을 어렴풋이 의식하고 있지만, 계급으로서 자본가들은 노동자계급이 갖고 있는 그런 조직화나 결집의 능력은 부족해 보인다.

어떤 미국 자본가도 공동의 싸움을 위해 영국 자본가를 도와주지 않는다. 반면에 노동자들은 국제적인 연대를 형성하고, 사회주의자들은 전 세계를 아우르는 국제조직을 형성했으며, 연대를 위해서라면 모든 곳에서 공간과 인종을 초월한다. 노동이 정정당당히 싸우고 있는 곳이면 어디든 공감에 기초한 결의안들과 그에 못지않게 중요한 기부 행위들이 바다를 건너 물밀듯이 전해진다.

다양한 이유로 자본가계급에게는 이런 단결이나 연대가 부족한데, 그중 주된 이유는 과거의 성공이 낳은 낙관주의다. 또한 그들은 분열되어 있다. 다시 말해, 자본가계급 내부에 매우 두드러진 계급투쟁이 존재하여 초조함과 괴로움을 유발하고 상황을 혼동하게 만든다. 소자본가와 대자본가가 서로 드잡이를 하고, 아킬레 로리아[6]가 '수익의 양분'이라 부른 것을 놓고 다툰다. 엄밀히 유사하진 않지만, 영국의 지주들이 공장법을 통과시키고 제조업자들이 곡물법 폐지를 성사했을 때 그들 사이에도 그런 투쟁이 있었다.

하지만 여기저기에서 일부 자본가들은 계급투쟁이 모습을 드러내고 있는 사회적 균열을 분명히 보고 있으며, 이와 동시에 신문과 잡지도 이따금씩 걱정스러운 목소리를 내고 있다. 계급의식을 가진 자본가들이 자본가계급 편에서 투쟁할 목적으로 두 개의 연맹을 결성했다. 사회주의자들처럼 그들도 문제를 단도직입적으로 다루며, 대담하고 솔직하게 자신들은 반대 계급을 진압

---

6   아킬레 로리아(Achille Loria, 1857~1943). 이탈리아의 사회주의 인구학자, 사회학자.

하기 위해 싸우고 있다고 말한다. 평민에 대항하는 귀족의 안간힘인 셈이다. 두 연맹 중 하나인 전미 제조업자 협회는 이 투쟁에 생사가 걸렸다 보고 물불을 가리지 않고 싸운다. 이 협회 회장일 뿐 아니라 전미 금속업계 연합 회장이기도 한 D. M. 패리 씨는 자신의 계급을 조직화하기 위해 백방으로 뛰어다니며 필사적으로 애를 쓰고 있다. 그는 전혀 모호하지 않은 말로 무장을 요청했다. "미국에는 아직 사회주의 계획을 근절할 시간이 있다. 억제하지 않으면 그것은 분명 우리 나라를 좌초시킬 것이다."

그 목적은 다음과 같다고 그는 말한다. "고용주들의 동맹을 결성하여 우리에게 닥친 모든 문제에 연합 전선으로 대응하려는 것이다. (…) 전미 제조업자 협회를 결성하기 직전에 해야 할 일은 첫째, 사악한 여덟 시간 노동법안을 몰아내고, 둘째, 반(反)금지 명령 법안[7]을 폐지하는 것이다. 이는 당신의 기업을 억지로 빼앗아 고용인들의 손에 넘겨주는 법안이기 때문이다. 셋째, 상공부 법안을 확실히 통과시켜야 한다. 조직화된 노동계가 허세를 부리며 반대하지 않는다면, 이 법안은 순식간에 통과될 것이다." 더 나아가 그는, 이 부처가 만들어지면 "업계는 워싱턴에 직접적이고 호의적인 대표를 두게 될 것"이라고 말한다.

나중에 연맹에 속하지 않은 자본가들에게 살포한 편지에서 패

---

7 연방 재판소의 노동쟁의에 대한 금지명령 남발을 제한하고, 노동조합에 가입하지 않거나 탈퇴할 것을 고용조건으로 하는 노동계약인 황견계약을 금지하는 법안.

리 회장은 워싱턴에서 연맹의 노력이 성공을 거두기 시작했다고 지적한다. "우리는 새로운 상공부 법안의 신속한 통과를 위해 다른 어떤 단체보다 큰 영향력을 행사해왔다. 이 부처의 활동이 광범위하고 만족스럽다는 말이 있지만, 그에 대해 나는 할 말이 썩 많지 않다. 아니, 전혀 없다. (…) 워싱턴에서 협회는 직접적으로나 간접적으로나 자신의 뜻을 그리 많이 관철하지 못하고 있다. 때로는 활발하고 일사불란하게 관철한다고 알려져 있지만, 때로는 전혀 대변되지 못한다고 알려져 있다."

계급의식으로 무장한 두 번째 자본가 조직은 전미 경제동맹이다. 전미 제조업자 협회와 마찬가지로 이들도 말을 얼버무리지 않고, 의사를 똑바로 표현하고, 길고 힘든 싸움에 본격적으로 착수하려는 자들의 솔직함을 명확히 드러낸다. 동맹이 예비회원 대상자들에게 보낸 편지는 대담무쌍하게 시작한다. "전미 경제동맹은 사회주의와 계급 증오에 대항하기 위하여 공정한 교육 운동에 이바지할 것임을 여러분에게 삼가 알린다." 계급의식으로 무장한 그들 회원 중 아래에 열거된 사람들은 계급투쟁의 포격이 이미 시작되었음을 알고 있다. 명예회원 라이먼 J. 게이지(전 미국 재무부 장관), 명예회원 토머스 제퍼슨 쿨리지(전 프랑스 공사), 헨리 C. 포터 신부(뉴욕 관구 주교), 명예회원 존 D. 롱(전 해군 장관), 명예회원 레비 P. 모턴(전 미국 부통령), 헨리 클루스[8], 존 F. 드라

---

8 헨리 클루스(Henry Clews, 1836~1923). 미국의 금융업자, 작가.

이든(프루덴셜 생명보험 사장), 존 A. 매콜(뉴욕 생명보험 사장), J. L. 그레이트싱어(브루클린 도시고속 사장), 윌리엄 크램프 선스 조선소, 서던 철도회사, 애치슨 토페카 산타페 철도회사.

지난 몇 년간 걱정스러운 어조의 사설도 드물지 않았다. 무연탄 파업이 일어났을 때 마지막 며칠 동안 언론에서는 탄광 소유주들이 너무 완고하여 사회주의의 유감스러운 씨앗을 뿌리고 있다고 여러 번 외쳐댔다. 1902년 12월 호 〈세계 노동(World's Work)〉은 이렇게 말했다. "다음으로 중요한 사실은, 일리노이 주 노동총연맹이 주 민병대에 소속된 모든 노동조합원에게 민병대에서 퇴역하기를 권고한 것이다. 이 제의는 다른 몇몇 노동단체로부터 긍정적인 평가를 받았다. [하지만] 최근의 다른 어떤 단일한 선언이나 행동보다도 대중으로 하여금 그 제의에 찬성하는 조합들을 더욱 불신하게 하는 원인이 되었다. 그것은 계급 간의 단절을 암시하고 이는 다시 무정부 상태를 암시한다."

1903년 2월 14일 자 〈아웃룩(Outlook)〉은 워터베리에서 일어난 폭동을 가리켜 이렇게 말했다. "지적이고 명성 높은 워터베리라는 도시에서 그런 소요가 발생했다는 사실은 산업 전쟁의 기운이 결코 이민자나 무지한 노동자계급에 국한되지 않고 있음을 가리킨다."

루스벨트 대통령[9]이 계급투쟁의 제일선에서 화약 냄새를 맡았

---

9 32대 대통령인 프랭클린 루스벨트가 아니라 26대 대통령인 시어도어 루스벨트(Theodore Roosevelt, 1858~1919)를 가리킨다.

음은 그의 말로 입증된다. "무엇보다 우리는 **정치 분야에 어떤 계급 증오가** 자리를 잡는다면 이는 부문별, 인종적, 종교적 증오보다 훨씬 더 국민 복지에 치명적이라는 점을 명심할 필요가 있다." 여기에서 주요하게 주목할 점은 루스벨트 대통령이 산업 분야에 존재하는 계급 증오를 암묵적으로 인식하고 있으며, 그의 언어에 강하게 드러나고 있듯이 이 계급 증오가 정치 분야로까지 번질 수 있음을 두려워한다는 것이다. 하지만 사회주의자들은 이미 현 사회에 대한 전쟁을 선포할 때, 현 사회의 정치기구를 장악하고 그 기구를 이용해 현 사회를 파괴한다는 이 방침을 명확히 밝혔다.

1903년 2월 12일 자 〈뉴욕 인디펜던트(New York Independent)〉는 계급투쟁을 무조건 인정했다. "우선 노조의 기초는 계급 간 반목이고 그들의 정책이 사회복지의 필요성에 근거해 있음을 인식하기 전에는, 노동조합의 투쟁 방식을 올바로 판단하거나 노동 학대의 개선 방안을 안출하기란 불가능하다. 파업은 자산 소유자들에 대한 반란이고, 그들의 재산권은 정부의 보호를 받는다. 따라서 어떤 자극이 가해지면 파업은, 몇 년 전 임금노동 인구의 거의 전체가 자산 소유 계급에게 정치적 양보를 강요하기 위해 일을 중단했던 벨기에 총파업처럼 전면적으로 확대될 수 있다. 이는 극단적인 사례지만, 노동조직화는 일종의 전쟁이고 그 목표는 타 계급을 지배하는 데 있다는 그 진정한 성격을 생생히 보여 준다."

미국에 계급투쟁이 존재한다는 사실은 이론으로나 실제로나 모두 입증되었다. 공동 생산물의 분배를 둘러싼 싸움은 화해의 여지가 없다. 노동자계급은 가장 강하고 능력 있는 대원들을 더는 잃어버리지 않고 있다. 자본가 지위에 오르려는 야심이 애초부터 짓눌린 이 대원들은 노동자들의 지도자로 남아, 노동자들에게 불만을 고취하고, 계급의식을 불어넣고, 노동자들을 반란으로 이끈다.

이 반란은 공동 생산물을 더 많이 차지하겠다는 요구의 형태를 띠고 산업 분야 전반에서 자연 발생적으로 출현했지만, 사회에 정치적 공격을 감행할 형태를 신중하게 빈틈없이 갖춰나가고 있다. 그 지도자들은 숙명론자처럼 태평하게, 단 한순간도 망설이지 않고 그들의 의도를 온 세상에 알린다. 그들의 의도는 노동자의 반란을 사회의 정치기구를 장악하는 방향으로 이끄는 것이다. 일단 정치기구가 수중에 들어오면 경찰, 육군, 해군, 법원을 지배하게 되므로, 그들은 자본가계급이 생활의 필수품과 사치품을 생산하고 분배하는 데 사용하는 모든 수단을 보상하거나 보상하지 않고 몰수할 것이다. 이 말은 토지에 수용권을 적용하고, 그 수용권을 광산, 공장, 철도, 선박에까지 확대한다는 뜻이다. 요컨대 그들은, 그들의 주장에 따르면 다른 계급의 이익을 위해 운용되고 있다고 하는 현 사회를 분쇄하고, 그 재료를 가지고 자신들의 이익을 위해 운영될 새로운 사회를 건설하려 한다.

다른 한편, 자본가계급은 계급의식을 키우고 있는 동시에 지금 벌어지고 있는 투쟁을 점점 더 분명히 의식하고 있다. 그들은 이미 공격적이면서도 방어적인 연맹들을 형성하고 있으며, 미국에서 대단히 유명한 인물들이 그 일선에 서서 사회주의를 공격할 준비를 하고 있다.

해결해야 할 문제는 맬서스 인구론의 문제, 즉 '효율성의 객관화'가 아니고, 윤리관의 문제도 아니다. 그것은 힘의 문제다. 어느 계급이 승리하든 그들은 우월한 힘 덕분에 승리할 것이다. 커니프 씨에게 말했듯이, 노동자들은 "맬서스는 빌어먹을 놈"이라 말하기 시작했다. 그들 스스로 생각하기에 적자생존을 위한 개인의 투쟁을 가로막는 제약은 전무하다. 곰퍼스 씨가 말했듯이 노동자들은 갈수록 더 많은 것을 원한다. 경쟁의 효율성이 먼 미래에 객관화되려면 현 세대는 상대적 결핍을 참고 견뎌야 한다는 키드[10] 씨의 윤리적 방식은 그들의 행동과는 아무 상관이 없다. 그들은 니체가 아주 열렬히 묘사한 "기쁘게 사멸하는 존재"가 되기를 거부한다.

자본가계급이 무장 요구에 얼마나 신속하게 응하는지는 두고 볼 일이다. 그들이 게으르게 주저앉아 존재하지 않아야 할 일은 존재할 수 없다고 선언하며 스스로를 달랜다면 조만간 그들의 머리 위에서 대들보가 무너질 테니, 그들의 생존은 그 신속함에 달려 있다. 자본가계급은 수적으로 열세이며, 그래서 그 적이 수행

---

10   벤저민 키드(Benjamin Kidd, 1858~1916). 영국의 사회학자.

하고 있는 광범위한 선전을 중단시키지 못한다면 선거에서 패하는 것은 불을 보듯 자명하다. 이는 더 이상 계급투쟁이 존재하는가 아닌가의 문제가 아니다. 지금 문제는 이것이다. 계급투쟁의 결과는 어떻게 될 것인가?

부랑자

《계급 전쟁》에 수록된 글이다.

시카고 경찰의 경무관 프랜시스 오닐 씨는 부랑자에 대해 이야기하던 중 이렇게 지적한다. "대도시에는 경찰의 엄중한 단속에도 불구하고 겨울에 숙소를 제공해줘야 할 집 없는 일정한 수의 방랑자 계층이 모여듭니다." '불구하고'라는 말에 유의하라. 이는 조직화되지 않은 필연성과 대조를 이루는 조직화된 무력함을 고백하는 말이다. 경찰의 단속이 엄중하지만 실패한다면, 그들을 실패하게 만드는 존재, 즉 부랑자는 그보다 더 엄중한 이유들이 있기 때문에 계속 출현하고 있음이 분명하다. 그러므로 그 이유들을 캐내어, 왜 이름도 집도 없는 방랑자가 우리의 대도시를 지키는 공공 권력의 오른팔을 무기력하게 하는지, 왜 약하고 무가치한 모든 것이 강하고 가치 있는 모든 것보다 더 강한지를 밝혀내는 건 흥미로운 일이 될 것이다.

오닐 씨는 부랑자 문제에 경험이 많은 사람으로, 이 분야의 전문가라 불릴 만하다. 그는 자신을 이렇게 소개한다. "오랫동안 내근 경사와 지구대장을 지낸 덕에 이 떠도는 계층을 연구하고 분석할 기회가 거의 무제한으로 주어졌지요. 이들은 겨울에 도시를 찾고 봄이 되면 시골 지역으로 널리 흩어집니다." 그는 이렇게 말을 잇는다. "이 경험을 통해 거듭 확인한 사실은, 이 방랑자의 대다수는 일하지 않고 살아가는 수단으로 부랑자의 삶을 선택한 집단이라는 점입니다." 이 말에 근거하여 단지 우리 사회에는 일하지 않고 살아가는 대규모 집단이 있다고 추론해서는 안 된다. 오닐 씨의 증언은 더 나아가 이 집단이 어쩔 수 없이 일하지 않고 살아가고 있음을 말해주기 때문이다.

  그는 이렇게 말한다. "적어도 1년 중 3분의 1 동안 그들에게 떠돌이 생활을 강요하다시피 하는 불행한 직업들에 얼마나 많은 사람이 고용되어 있는지를 알고는 깜짝 놀랐습니다. 주로 이 계층에서 부랑자들이 나옵니다. 어느 겨울에 시카고 주민의 대부분이 이 불행한 무리에 포함되어 있는 것처럼 느껴지던 때가 기억납니다. 나는 얼음을 잘라 채취할 장소에서 그리 멀지 않은 경찰서에 배속되어 있었지요. 얼음 회사가 보조공을 구한다는 광고를 냈는데, 광고가 신문에 나온 바로 그날 밤 우리 경찰서는 노숙자들로 가득 차고 말았습니다. 아침에 그 일을 잡으려고 숙박을 요구하는 사람들이었죠. 건물의 바닥 공간은 발 디딜 틈조차 없었고, 그럼에도 수십 명을 받지 못했습니다."

그가 계속 말한다. "그리고 솔직히 말하면, 첫눈이 내릴 즈음 도시의 온기를 찾아오는 추레한 누더기 차림의 이 엄청난 부랑자 무리 중 정직한 노동으로 음식과 잠자리를 얻으려 하는 사람은 희귀한 축에 듭니다." 얼음을 채취하러 가는 길에 오닐 씨의 경찰서에 몰려온 정직한 노동자의 수를 고려할 때, 소수가 아닌 모든 부랑자가 정직한 노동을 찾는다면, 정직한 노동자들이 정직한 노동으로 음식과 잠자리를 얻기는 분명 훨씬 더 어려워질 것이다. 오닐 씨의 경찰서에 몰려온 정직한 노동자들에게 그에 대한 견해를 묻는다면, 다음 날 그들이 얼음 채취장 십장에게 일자리를 구할 땐 정직한 노동자가 오늘보다 적으면 좋겠다고 답하리라.

마지막으로 오닐 씨는 이렇게 말한다. "이 도시는 불행한 노숙자 대군을 인간적이고 관대하게 대우한 탓에 막대한 부담을 걸머지게 되었습니다. 좋은 의도로 시행한 친절한 정책이 시카고를 달갑지 않은 뜨내기 군중의 겨울 메카로 만들어버렸지요." 다시 말해, 시카고는 친절함 때문에 제 몫 이상의 부랑자를 떠안게 되었고, 인간적이고 관대하기 때문에 막대한 부담을 견디고 있었다. 이로부터 우리는, 아무리 우리와 같은 인간이라도 부랑자일 땐 그들에게 인간적이고 관대한 태도를 보이는 게 좋지 않다고 결론짓게 된다. 오닐 씨는 옳다. 이 글의 가장 우선적인 의도는 이 결론이 결코 궤변이 아님을 입증하는 데 있다.

대체로 우리는 오닐 씨의 진술에서 다음과 같은 추론을 이끌어낼 수 있다. (1) 부랑자는 조직화된 사회보다 더 강하고 그래서 억누르기가 불가능하다. (2) 부랑자는 "추레하고" "누더기 차림"이고 "집이 없고" "불행하다." (3) 부랑자의 수는 "막대하다." (4) 정직한 일을 하려 하는 부랑자는 매우 드물다. (5) 정직한 일을 하려 하는 부랑자는 그런 일을 찾기 위해 아주 열심히 뛰어다녀야 한다. (6) 부랑자는 달갑지 않다.

이 마지막 항에, 부랑자는 **개인적으로** 달갑지 않고, 달갑더라도 **부정적으로** 그러하고, 사회에서 수행하는 기능은 부정적인 기능이고, 그 존재는 경제적 필요의 부산물이라는 주장을 첨부하자.

사람이 할 일보다 사람의 수가 더 많다는 것은 매우 쉽게 입증할 수 있다. 예를 들어 내일 10만 명의 부랑자가 갑자기 분발하여 일을 하고 싶은 강렬한 욕구에 사로잡힌다면 어떤 일이 벌어지겠는가? 이건 터무니없는 질문이 아니다. 부랑자는 날마다 "일하러 가라"는 설교를 듣는다. 판사석에서 판사가, 거리에서 행인이, 주방 문간에서 가정주부가 한목소리로 그에게 일하러 가라고 충고한다. 그러니 내일 10만 명의 부랑자가 이 충고에 따라 열심히, 끈질기게 일을 찾는다면 어떤 일이 벌어지겠는가? 그야 물론, 그 주가 가기도 전에 10만 명의 노동자가 부랑자들에게 자리를 빼앗기고 배턴을 이어받아 일을 찾으러 '길을 나설' 것이다.

엘라 휠러 윌콕스[1]는 본의 아니게 사람과 일의 불쾌한 불균형

---

1 엘라 휠러 윌콕스(Ella Wheeler Wilcox, 1850~1919). 미국의 작가, 시인.

을 입증했다.* 그녀는 자신이 쓰는 신문 칼럼에서 좋은 종업원을 찾는 두 사업가가 어려움을 겪고 있다고 무심코 언급했다. 조간신문에 칼럼이 발표된 첫째 날 그 일자리에 75명이 지원했고, 2주가 지날 무렵에는 200명이 넘는 사람이 지원했다.

최근에 샌프란시스코에서 이보다 훨씬 놀라운 사건이 일어나 동일한 비율을 입증했다. 한 연맹이 산하의 모든 노동조합에 동조 파업을 요청했다. 여러 직종에 종사하는 수천 명의 사람이 일을 그만두었다. 짐 마차꾼, 모래 채취 인부, 짐꾼과 포장 인부, 항만 노동자, 하역 인부, 창고 계원, 정치(定置) 엔진 기사, 선원, 해상 소방관, 집사, 선박 조리사 등 그들의 직종은 헤아리기조차 힘들었다. 대규모 파업이었다. 시기상으로 유리해 보였다. 필리핀과 알래스카에서 태평양 연안의 잉여 노동력을 흡수해 간 터였다. 하절기라 농업 분야의 노동력 수요도 최고조였다. 하지만 남아 있는 노동력은 파업 참가자들의 자리를 채우기에 충분했다. 선박 조리사든, 정치 엔진 기사든, 모래 채취 인부든, 창고 계원이든 직업에 상관없이 모든 자리에 유휴 노동자가 대기하고 있었다. 사실 단지 대기하는 게 아니라, 애타게 갈망하고 있었다. 그들은 일할 기회를 놓고 싸웠다. 사람들이 사망했고, 수백 명의 머리가 깨졌으며, 부상자들이 병원을 가득 메웠고, 폭행 사건이 수천 건 발생했다. 그러고도 여전히 남아도는 노동자들, 즉 노조 비

---

* "지원자 중 43~52%에겐 구호보다 일이 필요하다."_〈뉴욕 시 자선조직협회 보고서〉

가입자인 '인간쓰레기'들이 앞다투어 파업 참가자의 자리를 차지했다.

다음과 같은 의문이 든다. 이 노동자의 2선 부대는 어디에서 나타나 1선 부대를 대신했을까? 하나는 분명하다. 노조들은 서로를 배신하지 않았다. 또 하나도 분명하다. 태평양 연안에서 노동자들이 빠져나가고 있는 상황에서 그곳의 어떤 산업도 전혀 마비되지 않고서 파업 참가자들의 빈자리를 채워 넣었다. 세 번째 사실도 분명하다. 농업 노동자들이 도시로 몰려와 파업 참가자들을 대신하지 않았다. 이 마지막 사실과 관련하여, 소수의 파업 참가자가 비숙련 일자리를 놓고 농업 노동자들과 경쟁하기 위해 시골로 내려오자 농업 노동자들이 하늘 끝까지 울리도록 통곡했다는 사실은 주목할 가치가 있다. 따라서 이 노동자 2선 부대는 도무지 설명할 수가 없다, 단지 그곳에 있었다는 것 외에는. 그들은 항상 거기에 있었다. 주 탄생 기원 1901년, 미국 역사에 가장 부유하다고 기록되어 있는 해에, 잉여 노동자 대군이 존재하고 있었다.*

잉여 노동자 대군의 존재를 입증했다면 다음에는 잉여 노동력의 경제적 필요를 입증할 차례다. 가장 단순하고 명백한 필요

---

* 일리노이 주 자이글러 시에 탄광을 소유하고 있는 라이터 씨는 1904년 12월 6일 자 〈시카고 레코드헤럴드〉에 실린 인터뷰에서 이렇게 말했다. "노동력을 구매하기 위해 시장에 갈 때, 나는 다른 어떤 시장의 구매자 못지않게 마음껏 자유를 행사할 작정을 하고 갑니다. (…) 노동력을 얻는 데에는 아무 어려움이 없습니다. 이 나라는 실업자로 가득하기 때문입니다."

는 생산의 변동으로 인해 발생한다. 생산이 저조할 때 모든 사람이 일을 하고 있다면, 당연한 결과로 생산이 증가할 때 늘어난 일을 할 사람이 없게 된다. 다음의 논리는 거의 유치해 보이는데, 유치하진 않더라도 최소한 쉽게 뒤집을 수 있다. 생산량이 적을 땐 사람들에게 더 짧은 시간 동안 일을 하게 하고, 생산량이 많을 땐 초과 근무를 하게 하라. 이에 대한 결정적 반론은, 그건 그렇게 되지 않는다는 것, 우리는 일어날지 모르는 일이나 일어나야 할 일이 아니라, 눈앞의 엄연한 현실을 고찰하고 있다는 것이다.

그러므로 대규모 노동력을 필요로 하는 수요가 정기적, 비정기적으로 발생하게 된다. 모든 건설과 토목 사업이 첫 번째 부류에 든다. 운하를 파거나 철도를 놓기 위해 수천 명의 노동자가 필요해질 때, 상시 산업에서 그 노동력을 빼내 간다면 좋을 리가 없다. 그리고 운하를 파든 지하실을 파든, 5천 명이 필요하든 다섯 명이 필요하든, 현재와 같은 체제에서는 필요한 노동력을 잉여 노동자 무리에서 건져 가는 게 좋다. 잉여 노동자 무리는 사회적 노동력의 저수지이며, 바로 이것이 잉여 노동력이 존재하는 하나의 이유이다.

두 번째 부류로, 정기적 수요를 낳는 추수가 있다. 1년 내내 거대한 노동력이 조수처럼 미국을 휩쓸고 지나간다. 몇 안 되는 사람이 파종하고 기른 작물이 갑자기 여물어 수많은 사람의 손을 기다리는데, 이 수많은 사람이 불가피하게 부랑하는 인구를 형성한다. 늦봄에는 딸기를 따야 하고, 여름에는 곡식을 거둬야 하고, 가을에는 홉을 수확해야 하고, 겨울에는 얼음을 채취해야 한다. 캘리포니아 주에서 농업 노동자는 시스키유에서 딸기를, 샌타클래라에서 복숭아를, 샌와킨에서 포도를, 로스앤젤레스에서 오렌지를 따는 등 철에 맞는 일자리로 갈아타며 수확이 끝날 때까지 1500킬로미터를 이동한다. 하지만 농업 노동력이 많이 필요한 계절은 여름이다. 일이 부족한 겨울에 이 부랑하는 인구는 불안한 삶을 근근이 유지하기 위해 도시로 몰려와 따뜻한 날씨와 일자리가 돌아올 때까지 경찰관들의 영혼을 괴롭힌다. 모두에게 만족스러운 임금을 주는 일이 항상 있다면, 누가 곡물을 수확하러 가겠는가?

그러나 잉여 노동자 무리가 필요한 가장 중요하고 결정적인 이유는 다른 곳에 있다. 잉여 노동력은 고용된 모든 노동력을 통제하는 기능을 한다. 잉여 노동력은 고용주가 노동자를 일터에 묶어두거나, 폭동이 일어났을 때 그들을 일터로 쫓아 보내는 채찍이다. 잉여 노동력은 노동자가 반항할 때마다 그들의 등을 쿡쿡 찔러 강제적인 '자유계약'으로 몰아넣는 뾰족한 막대기다. 파업이 실패하는 이유는 하늘 아래에 단 하나뿐인데, 파업 참가자를 대신할 수많은 사람이 항상 대기하고 있기 때문이다.

오늘날 다른 조건들이 동일하다면 노동조합의 힘은 해당 직종의 기술과 상관성이 있고, 잉여 노동자 무리로부터 받는 압력과 상관성이 있다. 만일 1천 명의 도랑 파는 인부가 파업을 한다면 그 자리를 채워 넣기는 어렵지 않으므로, 그들은 조직적인 힘을 거의 혹은 전혀 발휘하지 못한다. 하지만 1천 명의 고도로 숙련된 기계공은 대체하기가 더 어렵고, 그 결과로 기계공 노조는 강한 힘을 갖게 된다. 도랑 파는 인부는 잉여 노동자 무리에 전적으로 좌우되고, 기계공은 부분적으로만 좌우된다. 강력해지려면 노조는 독점적이어야 한다. 노조는 해당 직업의 모든 종사자를 제어하고, 숙련공의 공급이 일정하게 유지하도록 견습공도 단속해야 한다. 노동계 지도자들의 입장에서 이는 가장 이상적인 '노동 트러스트'다.

과거에 영국에서 대흑사병이 지나갔을 때, 일을 찾는 사람보다 사람을 찾는 일이 더 많은 상황이 도래했다. 노동자가 고용주의 호의를 얻기 위해 경쟁하는 대신, 고용주가 노동자의 호의를 얻기 위해 경쟁했다. 임금이 오르고 또 오르고 계속 올라, 마지막에는 노동자들이 노역의 산물을 전부 요구하는 지경에 이르렀다. 노동이 자신의 산물을 전부 받아 가면 자본은 살아남지 못한다는 것은 누구나 아는 사실이다. 그래서 흑사병 이후에 소규모 자본가들은 이 불운한 상황에 존립마저 위협받는 상황에 직면했다. 자구책으로 그들은 최대 임금을 정하고, 노동자들의 전직을 제한하고, 막 시작된 노동단체를 박살 내고, 종업원의 게으름을 용납하지 않고, 저항하는 노동자들을 아주 야만적인 법정형으로 응징했다. 그 후 상황은 예전으로 돌아갔다.

물론 우리의 요점은 잉여 노동자 대군의 필요를 입증하는 것이다. 그런 대군이 없으면 현재와 같은 자본주의사회는 무기력해질 것이다. 노동자들은 전례 없는 형태의 노동조합을 만들 터이고, 가장 어린 마지막 노동자까지 노조에 합류할 것이다. 그들은 노역의 산물을 전부 요구할 터이고, 자본주의사회는 허망하게 무너질 것이다. 자본주의사회는 흑사병 이후처럼 살아남지 못할 것이다. 한 줌밖에 안 되는 고용주가 투옥과 야만적인 처벌로 노동자 군단을 일터로 몰아붙일 수 있는 시절은 지났다. 그런 문제가 발생할 때 법원, 경찰, 군대의 기능은 질서를 유지하고, 파업 참가자의 빈자리를 잉여 노동력으로 채워 넣는 것이다. 채워 넣을 잉여 노동력이 없으면, 수행할 기능도 없어진다. 무질서는 채워 넣는 과정에서만, 파업하는 노동자 무리와 잉여 노동자 무리가 충돌할 때에만 발생하기 때문이다. 다시 말해, 오늘날 산업사회의 본모습을 법원, 경찰, 군대보다 더 강력하게 유지시키는 존재는 잉여 노동력이다.

*

우리는 일보다 일을 찾는 사람이 더 많고 잉여 노동자 무리는 경제적으로 필요한 존재임을 입증했다. 부랑자가 어떻게 해서 이 경제적 필요의 부산물인지를 입증하려면 잉여 노동자 무리의 성분을 조사해볼 필요가 있다. 어떤 사람들이 잉여 노동자 무리를 형성하는가? 그들은 왜 그곳에 있는가? 그들은 무엇을 하는가?

첫째, 노동자들은 일을 놓고 경쟁해야 하므로, 당연한 결과로 일하기에 적합하고 유능한 사람이 일자리를 구한다. 숙련된 노동자는 기술과 능력 덕분에 일자리를 유지한다. 기술이 부족하거나 신뢰할 수 없거나 꾸준하지 않으면, 더 강한 경쟁자로 신속히 대체된다. 숙련되고 꾸준한 일자리는 어릿광대와 바보가 들어와 지장을 초래하는 곳이 아니다. 사람은 자신의 능력과 체제의 필요에 따라 자기 자리를 찾으며, 능력이 없거나 체제의 필요를 충족하지 못하는 사람은 자리를 찾지 못한다. 그러므로 한심한 전신 기사는 뛰어난 벌목꾼이 될 수 있다. 하지만 어느 무능한 전신 기사가 자기는 뛰어난 전신 기사라는 망상에 사로잡혀 있고 그와 동시에 다른 모든 일을 경멸한다면, 그는 어떤 일자리도 구하지 못할 테고, 설상가상으로 다른 모든 일에도 서툴다면 자기보다 뛰어난 사람을 대신해 가끔씩만 일을 하게 될 것이다. 그는 경기가 부진할 때 가장 먼저 쫓겨나고, 경기가 좋을 때 가장 늦게 고용되는 축에 든다. 간단히 말해, 그는 잉여 노동자 무리에 속한다.

따라서 일하기에 덜 적합하고 덜 유능한 사람들이나 아예 부적합하고 무능한 사람들이 잉여 노동자 무리를 이룬다는 결론이 나온다. 여기에는 노력하고도 실패한 사람들, 직업을 유지할 능력이 없는 사람들이 모여 있다. 배관공이 되지 못한 배관 견습공, 일자리를 지키기에 너무 서툴고 우둔한 배관공, 열차를 탈선시키는 조차 계원, 장부 정리를 못하는 사무원, 말을 절름발이로 만드는 편자공, 변론을 못하는 변호사, 다시 말해 육체노동과 정신노동을 망라한 모든 직업의 실패자가 모여 있고, 그중 다수는 다양한 직업과 직종을 전전한 이력이 있다. 실패는 깊은 흔적을 남기고, 그들은 사회적 낙인이 찍힌 채 비참한 상태로 전락한다. 천한 일은 어디에서든, 어떻게든 주어지기만 하면 종류를 불문하고 그들 몫이 된다.

하지만 이 타고난 무능력자들만이 잉여 노동자 무리를 이루진 않는다. 그중에는 능숙하지만 꾸준하지 못하고 신뢰할 수 없는 사람들이 있고, 한때 능숙했지만 힘이 쇠하여 능숙함을 잃은 노인들이 있다.* 또한 상당히 능숙하고 유능하지만 업종이 사양길에 들었거나 재해를 겪은 탓에 일자리를 잃은 좋은 사람들도 있다. 이와 관련하여 영국 철강 산업의 노동자들이 미국의 침략 때문에 겪고 있는 불행을 언급해도 부적절하지 않으리라 생각한다. 그리고 마지막으로 비숙련 노동자들, 즉 나무를 패고 물을 긷

---

* "냉정한 세상에 맞서 싸우려는 헛된 시도에 낙담하고 지친 두 노인이 오늘 오후 즉결 심판 판사 앞에 불려 나가, 최소한 봄이 올 때까지 어떤 먹고살 방도를 제공받을 수 있을지 알아보았다. 조지 웨스트레이크는 이 법원의 배려를 받은 최초의 피고였다. 웨스트레이크는 72세였다. 그는 습관적 음주로 기소되었고, 남은 평생 동안 술을 입에 대보지 못할 가능성이 더 컸지만, 법원은 카운티 교도소에서 한동안 복역하라고 선고했다. 당국으로서는 그에게 친절을 베푼 셈이었다. 카운티 교도소에 있으면 좋은 잠자리와 충분한 음식을 제공받을 수 있었기 때문이다. 69세의 조 코트도 웨스트레이크와 거의 같은 이유로 90일 징역형을 선고 받았다. 그는 기회가 주어진다면 겨울 동안 벌목터에 가서 나무를 베겠다고 말했지만, 경찰 당국은 그가 그런 일을 견디지 못할 거라고 판단했다."
_⟨뷰트 (몬태나 주) 마이너(Butte (Montana) Miner)⟩, 1904년 12월 7일 자.
"'나는 수명의 한계에 도달했고. 이 세상에는 내가 설 자리가 없기 때문에 생을 마감하려 한다. 뉴욕 웨스트 129가 222번지에 사는 내 아내에게 알려달라.' 56세의 제임스 홀랜더는 오늘 이 마지막 메모에 낙심의 원인을 간단히 설명한 후 스탠퍼드 호텔 방에서 왼쪽 관자놀이에 총을 쏘았다." ⟨뉴욕 헤럴드(New York Herald)⟩

는 인부, 도랑 치는 인부, 삽질과 곡괭이질을 하는 인부, 조수, 하역 인부, 갑판 인부가 있다. 3천 킬로미터에 달하는 해안에서 교역이 부진하거나 내륙의 드넓은 하천 유역에 흉년이 들면 이 무수한 노동자들은 무위도식하거나, 자신과 비슷한 비숙련 노동자들의 생활을 비참하게 만든다.

노동의 세계에서는 여과 작용이 꾸준히 일어나, 잉여 노동자 무리에서 좋은 재료가 계속 보충된다. 파업과 산업 해체가 노동자계급을 뒤흔들면, 좋은 사람들이 수면 위로 올라오고 그들만큼 좋거나 그들보다 못한 사람들이 아래로 가라앉는다. 파업에 참가한 숙련 노동자는 자기 자리를 꿰찬 배신자가 그보다 덜 능숙하거나 숙련공이 될 능력이 부족하기를 바라지만, 파업은 매번 수면 아래 가라앉아 있던 유능한 노동력을 꺼내 보인다. 풀먼 파업이 끝난 후에 1천 명의 철도 노동자는 그들이 내동댕이쳤던 일자리를 그들만큼 유능한 사람들이 차지한 것을 알고 분을 감추지 못했다.

그러나 반드시 고려해야 할 사항이 하나 있다. 현 체제하에서는, 가장 약하고 일하기 부적합한 사람이 최고의 일꾼만큼 강하고 적합하고 높아진 기준에 따라 최고의 일꾼이 한층 더 강하고 적합하다 해도 조건은 달라지지 않는다. 어차피 고용된 노동자 무리와 잉여 노동자 무리는 똑같이 존재한다. 모든 것이 상대적이며, 능력의 절대적 기준은 존재하지 않는다.

*

저기 부랑자가 온다. 보자마자 그가 부랑자인 것은 누군가가 부랑자일 수밖에 없기 때문이라고 말할 수 있다면 당신은 이 글의 모든 결론을 예상할 수 있다. 만일 그가 '방랑 생활'을 벗어나 **아주** 유능한 일반 노동자가 된다면, **하찮은 능력**을 지닌 어느 일반 노동자가 '방랑 생활'을 시작하게 된다. 잉여 노동자로 구석구석 붐비는 상황에서, 첫눈이 날리고 부랑자들이 도시로 밀려들어 오면 도시는 초만원이 되고 경찰의 엄중한 규제가 필요해진다.

부랑자는 두 부류 중 하나다. 낙담한 노동자나 낙담한 범죄자다. 그런데 낙담한 범죄자를 살펴보면 그는 곧 낙담한 노동자거나 낙담한 노동자의 자손이다. 그래서 최종 결론을 내리자면, 부랑자는 낙담한 노동자다. 모두가 일하기에는 일자리가 부족하기 때문에, 일부는 어쩔 수 없이 낙담하게 된다. 그렇다면 이 낙담은 어떤 과정을 거칠까?

산업 전반에 걸쳐 직업이 천할수록 조건은 열악해진다. 훌륭하고 섬세하고 숙련을 요하는 직업일수록 투쟁과 무관한 높은 곳에 위치한다. 그런 직업은 압력이 적고, 야비함이 적고, 야만성이 적다. 도랑 치는 산업은 수요에 비해 인부가 많은 반면, 유리 가공 산업은 수요에 비해 유리 가공공의 수가 상대적으로 적다. 뿐만 아니라, 유리 가공공이 파업을 하면 그 자리는 반드시 유리 가공공이 채워야 하는 반면, 도랑 치는 인부의 자리는 어떤 직종의 파업 참가자나 실업자로도 채워질 수 있다. 따라서 숙련된 노동자에겐 더 많은 독립성, 개인적 성격, 자유가 허용된다. 그들은 고용주와 상의를 하고, 요구를 하고, 주장을 내세울 수 있다. 반면에 비숙련 노동자는 자신의 문제에 대해 목소리를 내지 못한다. 임금 협상은 그들과 무관하다. '자유계약'이 그들에게 주어지는 전부다. 제시된 조건을 받아들이거나, 떠나는 수밖에 없다. 그들과 같은 사람은 넘쳐난다. 그들은 대단치 않다. 그들은 잉여 노동자에 불과하므로, 하루 벌어 하루 먹는 삶에 만족해야 한다.

보수도 빈익빈 부익부다. 숙련 노동자는 노동 압력이 거의 없고 좋은 보수를 받는다. 노동 압력이 큰 비숙련 직업에 종사하는 불행한 동료에 비하면 왕이나 다름없다. 하찮은 노동자는 많은 시간 동안 어쩔 수 없이 빈둥거려야 할 뿐 아니라, 고용되었을 때에도 낮은 보수를 받아들이는 수밖에 없다. 며칠 동안 하루에 1달러를 받고 그 밖의 날에는 빈손으로 돌아온다면, 자신과 아내를 먹여 살리고 아이들을 학교에 보내기는 거의 불가능하다. 또한 고용주는 심하게 압박하고 그와 같은 일반 노동자들은 그의 입에 들어가는 빵 한 조각을 빼앗으려고 싸움을 거는 데다, 노조가 있는 숙련 노동자들까지도 그의 비애를 부채질한다. 조합원들은 그들끼리 배신을 하진 않지만, 파업을 할 때나 일감이 부족할 때 밑으로 내려와 일반 노동자의 일을 가로채는 건 '정당하다'고 여긴다. 그리고 정말 그렇게 한다. 사실 잠깐 동안은 잘 먹고 야심 있는 기계공이나 심형 제작공이 못 먹고 생기 없는 노동자보다 탄광에서 삽질을 더 잘하기 때문이다.

그러므로 일하기 부적합하고 무능하고 하찮은 사람들은 낙담할 일밖에 없다. 바로 그 무능함과 하찮음이 그들을 소 떼처럼 무기력하게 만들고 불행을 가중한다. 그리고 그런 흐름은 전체적으로 하향 곡선을 그리므로, 결국 그들은 사회적 구덩이의 밑바닥에서 말도 제대로 못 하는 비참한 짐승이 되어, 짐승처럼 살고, 짐승처럼 번식하고, 짐승처럼 죽는다. 이 태생이 하찮은 존재들, 뇌도 근육도 인내심도 물려받지 못한 자들은 어떻게 살아가는가? 낙담과 절망이 가득한 빈민굴에서 괴롭게 살아간다. 약함에는 강함이 없고, 더러운 공기, 지독한 음식, 축축한 우리에는 힘이 될 게 없다. 그들이 거기에 있는 것은 타고난 자질이 높은 곳으로 올라가기에 부적합해서이기도 하지만, 불결함과 음탕함이 저항의 기를 꺾고, 만성적인 굶주림이 허리를 굽게 만들기 때문이다.

하찮은 사람에겐 희망이 없다. 하찮음은 죄악이다. 가난은 실패의 벌이다. 가난은 무지가 짓무르고 악덕이 부식하고, 육체적·정신적·도덕적 본성이 퇴화하고 억눌리는 지옥이다. 성급히 물감을 뿌려 그림을 망치는 과오는 피해야 하므로, 아래의 권위 있는 증거를 검토해보라. 먼저 하찮고 무능한 사람들의 일과 임금을 보고, 다음으로 그들의 주거지를 보라.

1901년 2월 28일 자 〈뉴욕 선(New York Sun)〉은 아메리칸타바코사가 뉴욕 시에 공장을 열었을 때의 상황을 묘사했다. 회사는 트러스트[2]에 흡수되기를 거부하는 다른 공장들과 경쟁하기 위해 이 공장에서 셔루트[3]를 생산할 예정이었다. 트러스트는 여종업원 모집 광고를 냈다. 일을 원하는 남자들과 소년들이 건물 앞에 인산인해를 이룬 탓에 경찰은 곤봉을 휘둘러 그들을 쫓아야 했다. 여자들한테 지급된 임금은 주급 2.50달러였고, 그중 6센트가 버스 요금으로 나갔다.*

시카고 대학교 사회학과 대학원생 넬리 메이슨 오튼 양은 얼마 전에 시카고의 의류 산업을 철저히 조사했다. 〈미국 사회학 저널(American Journal of Sociology)〉은 그녀가 얻은 통계 수치를 발표하고, 〈리터러리 다이제스트(Literary Digest)〉는 논평을 게재했다. 그녀의 조사에 따르면 의류 산업에서 일하는 여자들은 일주일에 엿새, 하루 열 시간 일하고 주급 40센트(시간당 3분의 2센트)를 받았다. 많은 여자들이 한 주에 1달러 미만을 벌었고, 단 한 명도 매주 일하지 못했다. 아래의 표는 의류 산업의 일부 직종에 대한 오튼 양의 조사를 매우 요약적으로 보여준다.

---

2 아메리칸타바코사는 다섯 개의 담배 회사가 만든 기업합동이었다.
3 양끝을 자른 여송연.
* 1904년 11월 16일 자 〈샌프란시스코 이그재미너(San Francisco Examiner)〉에는 항구에 들어온 범선의 짐을 부리는 일을 얻기 위해 300명의 남자가 모이자 경찰이 소방 호스로 해산시켰다는 기사가 실려 있다. 두세 시간의 일이었지만 그들은 진짜 폭도가 될 정도로 너무 간절히 원한 탓에 모두 쫓겨나고 말았다.

직종	평균 개인 주급(달러)	평균 고용된 주(주일)	평균 연 수입(달러)
여성복 재단사	0.90	42.00	37.00
바지 마무리공	1.31	27.58	42.41
가정주부 겸 바지 마무리공	1.58	30.21	47.49
여성 재단사	2.03	32.78	64.10
바지 제조공	2.13	30.77	75.61
잡역부	2.77	29.00	81.80
남성복 재단사	6.22	31.96	211.92
업계 전체 평균	2.48	31.18	76.74

조사이아 플린트[4]가 부랑자의 권위자라면 월터 A. 와이코프(Walter A. Wyckoff)는 노동자에 대한 위대한 권위자다. 그는 시카고에서 아래와 같은 일을 경험했다고 말한다.

그 사람들 다수가 궁핍하고 힘든 겨울 때문에 몸이 허약해진 나머지 더 이상 효율적으로 노동을 할 수 없는 상태였다. 어떤 사장들은 일손이 더 필요한데도 사람들의 몸이 노동에 부적합하기 때문에 돌려보내야만 했다. 그중에 내가 오랫동안 잊지 못할 사례가 있다. 어느 이른 아침 지나는 길에 우연히 어느 공

---

[4] 조사이아 플린트 윌러드(Josiah Flynt Willard, 1869~1907). 미국의 사회학자, 작가.

장의 정문에서 일하러 찾아온 노동자와 사장이 면담하는 것을 엿들었다. 나는 그 지원자가 러시아계 유대인이고 집에는 먹여 살려야 할 노모와 아내 그리고 두 명의 어린 자식이 있다는 것을 알고 있었다. 그는 겨우내 노동 착취 공장에서 틈틈이 일하면서* 간신히 모든 가족의 목숨을 부지시켰고, 추운 계절의 고난을 겪은 후 다시 절망적인 궁핍에 빠져 일자리를 구하고 있었다.

사장은 그에게 단순 노동을 시키기로 거의 결정한 상태였지만, 그의 수척한 모습에 놀라 팔을 걷어보라고 요구했다. 외투와 너덜너덜한 플란넬 셔츠의 소매가 올라가자 근육이 거의 사라진 앙상한 팔과, 속이 비치는 푸르스름한 피부 밑으로 힘줄과 뼈의 윤곽이 드러났다. 억지로 쥐어짜낸 힘을 이두근으로 보내 힘겹게 팔뚝을 들어 올리려는 그의 노력은 말로 할 수 없이 애처로웠다. 그러나 사장은 욕설을 하고 경멸적으로 웃으며 그를 돌려보냈다. 나는 그가 거리로 돌아서는 것을 지켜보았다. 그는 이 세상의 인간만이 느낄 수 있고 이 세상의 어떤 혀로도 말할 수 없는 절망을 가슴에 품은 채, 굶주린 가족이 그를 기다리고

---

* "노동자들은 이런 노동 착취 공장에서 7월의 날씨에 하루에 열한 시간에서 열다섯 시간씩 계속 재봉틀 앞에 앉아 쉴 새 없이 페달을 밟고, 종종 점심 식사를 위해 짬을 내지도 못할 정도로 혹독한 노동을 강요당했다. 그 일의 계절적 특성은 1년에 몇 달 동안은 비인간적인 노역에 시달리고 나머지 몇 달 동안은 비인간적인 실직 상태에 시달려야 함을 의미했다. 많은 노동자들이 폐병, 셋방의 전염병, 특히 의류 산업의 특수한 전염병으로 목숨을 잃었다."_〈매클루어 매거진(McClure's Magazine)〉

있는 현실을 향해 발걸음을 옮겼다.

거주지에 대하여 제이콥 리스 씨는, 뉴욕 시의 스탠턴, 휴스턴, 어토니, 리지 가에 접해 있는 가로 60, 세로 90미터 크기의 블록에 2244명의 인간이 토끼처럼 복작거리며 살고 있다고 진술했다.

61번 가와 62번 가, 그리고 암스테르담 가와 웨스트엔드 가에 접해 있는 블록에는 4000명 이상의 인간이 모여 산다. 쾌적한 뉴잉글랜드의 어느 마을에 거주할 만한 인구가 도시의 한 블록 안에 모여 사는 것이다.

닥터 베렌스 목사는 커낼, 헤스터, 엘드리지, 포시스 가에 접해 있는 블록에 대해 다음과 같이 얘기한다. "가로 3.5, 세로 2.5, 높이 1.7미터의 방 하나에 아홉 명이 잠을 자고 요리한다. (…) 어두운 지하실의 다른 방에서는 차단막이나 칸막이도 없이 두 명의 남자, 각각의 아내, 14세의 딸, 두 명의 독신 남자, 17세의 아들, 두 명의 여자와 네 명의 남자아이—9세, 10세, 11세, 15세—총 열네 명이 산다."

이곳에서 인간성은 부패한다. 희생자들은 소름 끼치는 유머로 그곳을 "부패한 셋집"이라 부른다. 혹은, 한 의회 보고서는 다음과 같이 표현한다. "이곳에서 유아의 생명은 싹을 틔우지만 새해를 맞기 전에 고사한다. 이곳에서 젊음은 역겨운 질병과 신체적 퇴화로 인한 기형 때문에 흉한 모습을 하고 있다."

이들이 이런 모습으로 살아가는 것은 더 잘 태어나지 못했기 때문이거나, 시공간상으로 불운하게 태어났기 때문이다. 체제가 요구하는 기준으로 평가할 때 그들은 약하고 무가치하다. 병원과 빈민자의 묘지가 그들을 기다리고, 그래서 그들은 산업사회의 구조에서 신분 상승에 실패한 보통의 노동자들에게 오로지 낙담만을 안겨준다. 그런 노동자들은 자신이 실패했음을 자각하고 냉혹한 현실에서 더 높은 자리로 올라갈 수 없다는 것을 의식하고는, 자신에게 열려 있는 몇 가지 가능성을 발견한다. 예를 들어 그는 사회적 구덩이로 내려가 짐승이 될 수 있다. 그리고 그에게 어떤 능력이 있다고 해도 일단 사회적 구덩이로 내려가면 일할 용기가 나지 않는다. 깊은 곳에서 반항심이 솟구치고, 그는 악한이나 부랑자가 되기로 결심한다.

힘들게 싸워본 사람이라면 '거리'의 유혹을 모르지 않는다. 일자리는 없지만 아직 용기가 꺾이지 않았을 때 그는 먹고살기 위해 직업을 찾아 대도시를 오가며 '거리를 떠돌아야' 했다. 그는 빈둥거리며 돌아다니고, 시골과 푸른 초목을 보고, 기쁘게 웃고, 풀밭에 누워 머리 위에서 새가 지저귀는 소리를 듣고, 공장의 호각 소리와 고용주의 호된 명령에 신경을 쓰지 않았으며, 무엇보다 **살아 있었다.** 바로 그거다! 그는 굶어 죽지 않았다. 그는 무사태평하고 행복할 뿐 아니라 살아 있었다! 일을 하지 않았는데도 여전히 살아 있다는 깨달음에서 그는 새로운 인생관을 얻는다. 그리고 가난한 노동자의 부럽지 않은 운명을 겪으면 겪을수록, '거리'의 유혹이 더 강하게 그를 사로잡는다. 마침내 그는 사회에 정면으로 도전하여 용감하게 모든 일을 보이콧하고, 떠돌이 세계의 바람 같은 방랑자들, 이 말기[5]의 집시 무리에 합류한다.

그러나 부랑자는 대개 빈민가가 아닌 곳에서 나온다. 그의 출생 배경은 대개 그보다 약간 높고, 때로는 대단히 높다. 그는 실패를 인정하면서도 징벌을 받아들이지 않고 빈민가를 빗겨 나가 방랑 생활에 들어간다. 사회적 구덩이에 빠진 보통의 짐승은 짐승에 너무 가까워지거나 부르주아적 윤리와 주인들의 이상에 노예처럼 속박된 나머지 이 반항의 깜박임을 켜지 못한다. 그러나 사회적 구덩이는 그 절망과 타락 때문에 범죄자, 즉 일의 짐승이 되기보다는 잔인한 짐승이 되고자 하는 사람을 만들어낸다. 그런 뒤 평범한 범죄자, 어설프고 무능한 범죄자는 법의 강력한 힘에 가로막혀 부랑자의 세계로 넘어간다.

이 사람들, 낙담한 노동자와 낙담한 범죄자는 자발적으로 구직 투쟁을 포기한다. 산업은 그들을 필요로 하지 않는다. 노동자가 부족하여 문을 닫는 공장은 없고, 곡괭이와 삽을 든 사람이 부족하여 계획을 접고 건설을 포기하는 철도도 없다. 여자들은 여전히 주급 1달러의 중노동에도 기뻐하고, 남자들과 소년들은 공장의 정문 앞에서 일자리를 차지하려고 아귀다툼을 벌인다. 아무도 이 낙심한 사람들이 없다고 아쉬워하지 않으며, 오히려 그 자리를 떠나면 남아 있는 사람들에게 다소나마 도움이 된다.

---

[5] 세상의 종말과 예수의 재림이 임박한 시대를 말한다.

*

따라서 다음과 같은 결론이 나온다. 사람을 찾는 일자리보다 사람이 더 많다면, 잉여 노동자 대군은 불가피하게 발생한다. 잉여 노동자 대군은 경제에 필요한 존재다. 그들이 없다면 현 사회는 힘없이 무너질 것이다. 그 잉여 노동자 대군 속으로 평범한 사람들, 무능한 사람들, 노동에 부적합한 사람들, 그리고 이 체제의 산업이 요구하는 바를 충족하지 못하는 사람들이 떼 지어 들어온다. 잉여 노동자들의 구직 투쟁은 야비하고 야만적이며, 사회적 구덩이의 밑바닥에서 그 투쟁은 사악하고 잔인하다. 이 투쟁은 낙담으로 귀결되는 경향이 있고, 이 낙담의 희생자는 범죄자와 부랑자가 된다. 부랑자는 잉여 노동자 대군처럼 경제적 필요가 아니라, 경제적 필요의 부산물이다.

'거리'는 사회라는 유기체가 배설물을 방출하는 안전밸브다. 그리고 **방출**은 부랑자에게 부정적 기능을 부여한다. 현재와 같이 조직되어 있는 한에서 사회는 수많은 인간의 삶을 다량의 쓰레기로 만들어 배출한다. 그리고 그 쓰레기를 제거해야 한다. 클로로포름이나 전기의자는 이 제거의 문제를 간단하고 자비롭게 해결하는 방법일 수 있다. 그러나 지배계급의 윤리는 인간쓰레기를 허용하면서도 그 쓰레기의 인도적인 제거는 허용하지 않는다. 이 모순은 이론상의 윤리와 산업의 필요가 화해 불가능함을 명백히 보여준다.

그래서 부랑자는 자기 자신을 제거하게 된다. 그런데 자기 자신뿐이 아니다! 그는 현 상황에 명백히 부적합하기 때문에 그리고 좋은 같은 종을 낳는 경향이 있기 때문에, 그의 종은 그에게서 끝나서 자손을 낳지 말아야 하고, 그리스도가 죽은 지 스무 번째가 되는 이 세기에 거세된 남자의 역을 수행해야 한다. 그리고 그는 그 역을 수행한다. 그는 번식을 하지 않는다. 불임은 그에게 주어진 몫이고, 또한 거리의 여자에게 주어진 몫이다. 어쩌면 짝짓기를 했을지도 모르지만, 사회는 그러지 말라고 포고했다.

또한 이 사람들이 죽는 것은 애석하지만 운명이 정한 일이므로, 서성거리는 그들의 시체가 우리의 간선도로와 주방 계단을 가로막는다고 해서 그들과 다툼을 벌이지는 말아야 한다. 이는 우리가 은근히 후원할 뿐 아니라 강요하고 있는 제거의 방식이다. 그러니 유쾌하고 정직하게 받아들이자. 우리의 경찰 단속에 마음껏 엄중한 지지를 보내자. 하지만 제발 부탁하건대, 부랑자에게 일하러 가라고 말하지는 마라. 그건 몰인정할 뿐 아니라 거짓이고 위선이다. 우리는 그를 기다리는 일자리가 어디에도 없음을 알고 있다. 당신이 원한다면, 그는 우리의 경제와 산업이 저지른 죄악 또는 세상의 계획이 만들어낸 속죄양이라고 믿어야 한다. 공정하게 생각하자. 그는 그렇게 만들어졌다. 사회가 그를 만들었다. 그가 그 자신을 만들지 않았다.

최대치의 문제

《계급 전쟁》에 수록된 글이다.

사회 운동이나 발전에는 더는 앞으로 나아갈 수 없는 상한선이 반드시 존재한다. 진보하지 못하는 문명은 쇠퇴하므로, 어느 사회든 발전이 최대치에 도달하면 퇴보하거나 진행 방향을 바꿔야 한다. 수많은 인간 종족이 경제적 발전을 꾀해야 할 결정적 시기에 방향을 바꾸지 못하고 몰락했다. 그들은 최대치에 도달한 순간에 패자가 되어 세상의 소용돌이 밖으로 밀려났다. 그들을 위한 자리는 없었다. 그들은 더 강한 경쟁자에게 자리를 빼앗기고 망각의 강으로 추락하거나, 세상에 처음 출현한 무자비한 투쟁 속에서 지배 민족의 강철 군화에 짓이겨지는 운명을 맞이했다. 하지만 오늘날의 투쟁에서 미인과 기사는 아무 역할도 하지 못한다. 전형과 이상은 변했다. 헬레네[1]와 랜슬롯[2]은 시대착오다. 공격이 오가고 남자들이 싸우다 죽지만, 신념과 제단을 위해서가 아니다. 성지는 더럽혀지지만, 신전을 위한 성지가 아니라 시장의 성지가 된다. 예언자들이 출현하지만, 가격과 상품을 예언한다. 전투가 벌어지지만, 영예와 영광, 왕좌와 홀이 아니라 달러와 센트, 시장과 거래소를 차지하기 위해서다. 완력이 아닌 머리가 승리하고, 전쟁의 지휘관은 산업의 지휘관에게 명령을 받는다. 요컨대, 이제는 세계의 상업을 지배하고 산업의 우위를 점하기 위한 경쟁이 되었다.

우리를 집어삼킨 이 투쟁이 더욱 중요한 이유는 전 세계가 연루된 최초의 투쟁이라는 사실에 있다. 인간의 어떤 전면적인 운동도 이렇게 광범위하게 멀리까지 퍼진 적이 없었다. 고대 민족의 패권은 예외 없이 아주 국지적이었고, 마케도니아와 로마 제국의 융성, 용맹하고 열광적인 아라비아의 물결, 성묘 교회를 향한 중세의 십자군 전쟁도 마찬가지였다. 그러나 그때 이후로 지구는 전대미문의 축소를 겪었다.

호메로스의 세계는 지중해와 흑해의 해안선에 갇혀 있었지만 그럼에도 오늘날의 세계보다 훨씬 더 광대했다. 마치 어린아이가 갖고 노는 공처럼 우리가 이 세계를 정확하고 쉽게 무게를 달고 측정하고 계산하기 때문이다. 증기기관은 세계 여러 지역에 사람의 발길을 허용하고, 그 간격을 좁혔다. 전신은 공간과 시간을 소

---

1 트로이의 왕비.
2 원탁의 기사 중 최고의 기사.

멸시킨다. 매일 아침 모든 지역의 사람들이 다른 모든 곳의 사람들이 생각하거나 숙고하거나 하고 있는 일을 안다. 독일의 실험실에서 이루어진 발견이 24시간 이내에 샌프란시스코에서 입증 과정에 들어간다. 남아프리카에서 쓰인 책이 모든 영어권 국가에서 동시 저작권으로 출간되고, 다른 언어권에서는 다음 날이면 번역자의 손에 들어간다. 중국에서 이름 없는 선교사가 죽거나 남태평양에서 위스키 밀수업자가 죽었다는 뉴스가 온 세계로 퍼져나가 아침 토스트와 함께 식탁에 오른다. 사람들이 만나 거래를 하는 곳이면 어디에서든 아르헨티나의 밀 생산량이나 클론다이크 강의 금 채굴량을 알 수 있다. 강력한 축소 또는 집중화로 인해 어느 대도시의 하급 사무원이라도 세계의 맥박을 짚어볼 수 있다. 지구는 대단히 작아졌고, 이 때문에 중요한 모든 운동은 그 발생 지역이나 나라에 머물지 않는다.

그래서 오늘날 경제와 산업의 충격은 세계적이고, 모두에게 중요한 문제다. 아무도 이 문제에 무관심할 수 없다. 무관심은 죽음으로 이어진다. 삶은 전투가 되었고, 그 결실은 강자에게, 강자 중에서도 최강자에게만 돌아간다. 운동이 최대치에 근접하면 집중화는 가속화하고, 경쟁은 치열하고 빈번해진다. 경쟁하는 모든 나라가 성공할 순 없다. 운동이 현재와 같은 방향으로 계속되는 한, 모두를 위한 자리는 없을 뿐 아니라 현재의 자리도 갈수록 줄어들고, 최대치의 순간이 닥치면 자리가 완전히 없어진다. 자본주의적 생산은 균형을 잃고, 마침내 방향 전환이 불가피해진다.

여러 가지 의문이 떠오른다. 이 세계가 지탱할 수 있는 상업 발달의 최대치는 얼마일까? 우리는 이 세계를 어느 선까지 착취할 수 있을까? 얼마나 큰 자본이 필요할까? 충분한 자본이 축적될 수 있을까? 과거 100년 정도 산업의 역사를 간단히 요약하면 이 단계의 논의에 도움이 될 듯하다. 근대적 의미의 자본주의적 생산은 18세기 후반부에 영국의 산업혁명에서 탄생했다. 당대의 위대한 발명품들이 그 아버지이자 어머니였지만, 브룩스 애덤스 씨가 보여주었듯이, 인도에서 약탈한 부가 유력한 산파 역할을 했다. 자본이 이례적으로 증가하지 않았다면 추진력이 발생하지 않았을 테고, 심지어 증기기관도 그때 보여준 것처럼 새로운 생산 체제를 이끈 가장 분명한 요소로 부상하는 대신 몇 세대에 걸쳐 서서히 퇴색했을 것이다. 19세기 초의 몇십 년 동안 이 발명품들이 발전적으로 적용되어 가내 수공업을 공장제 생산으로 바꾸고 자본주의 시대를 열었다. 이 혁명의 위대함은 영국이라는 한 나라가 생산수단을 발명하고 기계를 제작했지만 이것이 전 세계의 시장을 가득 채우고도 남았다는 사실로 명확히 드러난다. 국내 시장은 국내 생산량의 10분의 1도 소비하지 못했다. 국내 생산을 위해 영국은 농업을 희생시켰다. 영국은 해외에서 식량을 들여와야 했고, 이를 위해 국내에서 만든 상품을 해외에 팔아야만 했다.

  그러나 상업의 우위를 점하기 위한 투쟁은 아직 시작하지 않고 있었다. 영국은 무적이었다. 영국 해군이 바다를 지배했다. 섬이란 입지 조건과 군대는 영국에 평화를 선사했다. 영국에게 세계는 마음껏 착취할 수 있는 소유물이었다. 사회를 뒤흔든 큰 전쟁들이 경쟁 자본의 싹을 자르고 소비를 극도로 위축시킨 동안에도 거의 50년 동안 영국은 유럽 무역, 미국 무역, 인도 무역을 지배했다. 산업국가의 개척자로서 영국이 부를 향한 새로운 경주에서 아주 유리하게 출발한 탓에 다른 국가들은 이제야 영국을 따라잡기 시작했다. 1820년에 영국의 총 교역량(수입과 수출)은 6800만 파운드였지만, 1899년에는 8억 1500만 파운드로 증가했다. 무역량이 1200% 늘어난 것이다.

영국은 거의 100년 동안 잉여가치를 생산해왔다. 영국은 소비하는 것보다 훨씬 더 많은 양을 생산하고, 이 과잉이 영국 자본의 규모를 부풀리고 있으며, 이렇게 증가한 자본이 국내외의 영국 기업과 해운업에 투자되고 있다. 1898년에 증권거래소는 영국의 해외 투자액을 19억 파운드로 추산했다. 그러나 해외 투자에 비례하여 영국의 무역 역조(逆調)도 꾸준히 증가해왔다. 1868년까지 10년 동안 영국의 무역 역조는 연평균 5200만 파운드였고, 1878년까지는 8100만 파운드, 1888년까지는 1억 100만 파운드, 1898년까지는 1억 3300만 파운드였다. 특히 1897년에는 1억 5700만 파운드라는 놀라운 액수에 도달했다.

그러나 무역 역조 자체는 별로 두려운 일이 아니다. 지금까지 그 돈은 영국 해운업이 벌어들인 수입과 해외 투자로 벌어들인 이자에서 지급되었다. 하지만 불안을 야기하는 것은, 다른 나라들의 교역 발달에 비해 영국의 수출이 수입 감소를 동반하지 않은 채 하락하고 있으며, 영국의 국채와 외환 보유고가 이 증가한 압력을 견뎌내지 못할 것처럼 보인다는 사실이다. 영국은 국제수지의 균형을 맞추기 위해 어쩔 수 없이 이 재산을 팔고 있다. 〈런던 타임스〉는 다음과 같이 비관적으로 언급했다. "우리 영국은 오랫동안 경영 활동, 고임금, 고수익, 수입 과잉을 겪은 후 하향세로 20세기를 맞이하고 있다." 다시 말해, 세계의 자원과 자본에 대한 장악력이 느슨해지고 있으며, 상업과 은행업에 대한 지배력이 손가락 사이로 새어 나가고 있다. 외환 보유고의 매각은 다른 나라들이 그 돈을 살 수 있고, 게다가 부지런히 잉여가치를 생산하고 있음을 분명히 보여준다.

이는 보편적인 운동이 되었다. 오늘날 끊임없이 증가하는 자본의 물결이 샘처럼 솟아 나와 한 나라에서 다른 나라로 흘러들어 가고 있다. 생산이 두 배로 늘고, 네 배로 뛰고 있다. 과거에는 가난하거나 미개발 국가들이 돈을 빌릴 때 영국에 의존했지만, 이제 이 문제에서는 독일이 영국과 치열하게 경쟁하고 있다. 프랑스는 선뜻 러시아에 거액을 빌려주고, 자본이 있는 오스트리아·헝가리제국도 기꺼이 외환을 빌려준다.

미국도 채무국에서 채권국으로 발돋움하는 데 성공했다. 미국은 또한 잉여가치를 생산하는 과정에서 지혜를 발휘했다. 이 나라는 경제적 해방을 성취하려는 노력을 성공적으로 완수했다. 미국은 세계 인구의 단 5%만 점유하는 반면, 세계 식량 공급

량은 32%를 생산하고 있어 세계의 농부로 간주되어왔다. 하지만, 현재에는 세계적인 공업국으로 발돋움하여 모두를 놀라게 하고 있다. 1888년에 미국의 제조업 수출은 1억 3030만 87달러를 기록했고, 1896년에는 2억 5368만 1541달러, 1897년에는 2억 7965만 2721달러, 1898년에는 3억 792만 4994달러, 1899년에는 3억 3866만 7794달러, 1900년에는 4억 3200만 달러를 기록했다. 미국의 무역 흑자로 말하자면, 수입이 증가하기는커녕 오히려 감소하고 있으며, 지난 10년 동안 수출은 72.4%나 증가했다는 사실을 지적할 수 있다. 이 10년 동안 미국이 유럽에서 수입한 양은 4억 7400만 달러에서 4억 3900만 달러로 감소한 반면, 같은 기간 유럽에 수출한 양은 6억 8200만 달러에서 11억 1100만 달러로 증가했다. 1895년에 미국의 무역 흑자는 7500만 달러였고, 1896년에는 1억여 달러, 1897년에는 거의 3억 달러, 1898년에는 6억 1500만 달러, 1899년에는 5억 3000만 달러, 1900년에는 6억 4800만 달러였다.

철의 경우, 미국은 1840년에는 국제적으로 경쟁하는 장에 진입하는 것은 꿈도 꾸지 못했지만, 1897년에는 런던 시장에서 영국인들보다 싼 값에 판매하여 다른 나라들은 물론 스스로 놀라고 말았다. 1899년 영국에는 미국 기관차가 한 대뿐이었지만, 1902년에는 미국이 해외로 수출한 기관차는 500대에 이르렀고, 영국이 가장 많은 물량을 구매했다. 러시아는 현재 국내 철도에 1000대의 미국 기관차를 운행하고 있다. 한번은 미국 제조업자들이 4.25달 만에 9250달러의 가격으로 기관차 한 대를 공급하기로 계약한 반면, 영국 제조업자들은 24개월 후에 공급하기로 하고 1만 4000달러를 요구했다. 클라이드 조선소는 최근에 15만 톤의 강판을 25만 달러에 구입하겠다고 주문을 냈는데, 새 런던 지하철을 만드는 데 쓰이고 있는 미국 강철이 당연시되고 있다. 미국 기계는 세계에서 따라올 데가 없다. 기성화(旣成靴)는 유럽을 뒤덮기 시작했고, 기계류, 자전거, 농기구를 포함한 모든 종류의 공산품도 그와 비슷하다. 함부르크의 한 기자는 미국의 산업 침략에 대해 이렇게 이야기했다. "한마디 덧붙이자면, 이 기사를 쓰고 있는 타자기도 수천 개, 아니 수십만 개의 다른 물건처럼 미국에서 생산되었고, 미국산 책상, 책꽂이, 의자가 비치된 사무실 안 미국산 탁자 위에 놓여 있다. 이 물건들을 유럽에서는 비슷한 가격에 같은 품질로, 이렇게 실용적이고 편리하게 만들지 못한다."

1893년과 1894년에 미국은 외국 자본에 대한 불신 때문에 해외에서 미국 국채를 어쩔 수 없이 사들여야 했지만, 1897년과 1898년에는 강요가 아닌 선택에 의해 국채를 사들였다. 또한 미국은 자국의 국채뿐 아니라, 지난 8년 동안 다른 나라들의 국채도 사들였다. 런던, 파리, 베를린의 단기금융시장에서 현재 미국은 채권국이다. 세계 최대의 금 보유량 때문에, 세계는 국제금융위기가 눈앞에 닥칠 때마다 안전을 위해 미국의 엄청난 대부 능력에 의존한다.

이렇게 불과 몇 년 만에 미국은 산업의 강대국들이 상업과 금융의 제국을 놓고 다투는 전장에서 선두로 올라섰다. 이 경쟁에서 미국이 영국을 추월했음을 보여주는 수치는 대단히 흥미롭다.

년도	미국의 수출(달러)	영국의 수출(달러)
1875	497,263,737	1,087,497,000
1885	673,593,506	1,037,124,000
1895	807,742,415	1,100,452,000
1896	986,830,080	1,168,671,000
1897	1,079,834,296	1,139,882,000
1898	1,233,564,828	1,135,642,000
1899	1,253,466,000	1,287,971,000
1900	1,453,013,659	1,418,348,000

헨리 로이드[3] 씨가 지적했듯이, "미국에 새로운 철강 트러스트가 결성되었다는 소식이 독일에 당도하자, 베를린 증권거래소에 등록된 철강 회사들의 주가가 일제히 하락했다." 유럽은 오늘의 위대함을 말하고 꿈꾸는 반면, 미국은 내일의 위대함을 생각하고 계획하고 실행한다. 미국의 산업과 금융의 거물은 생산과 운송을 조직하고 강화하는 일에 노고와 땀을 쏟아붓는다. 하지만

---

[3] 헨리 데마레스트 로이드(Henry Demarest Lloyd, 1847~1903). 미국 진보 정당 운동가, 언론인.

이는 단지 발생 단계이고, 오케스트라의 등장에 불과하다. 20세기와 함께 막이 오른다. 이 연극에는 희극적 장면과 함께 비극적 장면이 아주 많이 준비되어 있고, 이미 미국 자본의 유럽 침공이라는 적절한 제목이 붙어 있다. 국가는 쉽게 소멸하지 않으며, 유럽은 관세 장벽을 쌓아 선수를 칠 것이다. 하지만 미국은 적절히 대응할 것이다. 미국 제조업자들은 이미 프랑스와 독일에 공장을 세우고 있다. 또한 독일의 업계지(業界紙)들이 미국의 광고를 싣지 않겠다고 했을 때 이 나라에는 요란한 미국식 광고판이 해적처럼 몰려왔다.

프랑스 경제학자 르루아볼리외[4] 씨는 미국에 대항하여 유럽 대륙은 상업을 합병해야 한다고 열심히 설파하고 있으며, 상업 제휴는 일종의 정치적 제휴가 되어야 한다고 대담하게 선언한다. 더구나 그 혼자 이렇게 주장하는 게 아니라 오스트리아, 이탈리아, 독일에서도 이 주장에 기꺼이 찬성하고 열렬히 지지하는 목소리가 출현하고 있다. 로즈버리 경[5]은 최근에 울버햄프턴 상공회의소에서 다음과 같이 연설했다. "미국인들은 광대하고 거의 무한정한 자원, 영리한 머리와 진취적 정신, 20년이 지나면 1억에 도달할 거대한 인구에, 이 상업 대전을 치를 목적으로 거대한

---

[4] 피에르 폴 르루아볼리외(Pierre Paul Leroy-Beaulieu, 1843~1916). 프랑스의 경제학자, 논설가.
[5] 제5대 로즈버리 백작 아치볼드 필립 프림로즈(Archibald Philip Primrose, 5th Earl of Rosebery, 1847~1929). 영국의 자유당 정치가. 1894~1895년 영국 수상을 역임했다.

신디케이트나 트러스트에 부를 축적하려 세운 계획까지 더하여 (…) 우리가 두려워해야 할 가장 강력한 경쟁자로 부상했습니다."

〈런던 타임스〉는 이렇게 말한다. "영국이 추월당하고 있다는 사실을 감춰봐야 소용이 없다. 경쟁은 국내 수요를 잘못 계산해서 발생하는 공급 과잉 때문이 아니다. 우리의 철강 회사들은 그 원인을 알고 있고, 경계하고 있다. 지금까지 우리 시장에서 펼쳐진 위협적인 경쟁은 역사상 처음 출현한 생산의 효율성에서 비롯되고 있다." 심지어 영국 해군의 우위마저 위태롭다고 이 신문은 말을 잇는다. "우리가 기술의 우위를 잃는다면, 우리의 성공한 경쟁자들이 눈감고 넘어가지 않는 한, 해군의 우위도 그 뒤를 잇기 때문이다."

또한 〈에든버러 이브닝 뉴스〉는 침통한 논설 조로 이렇게 말한다. "철강 산업은 우리를 떠났다. 우리 정부와 유럽 정부들이 군비 지출로 만들어낸 허구의 번영이 끝나는 순간, 이 산업에서 일하는 사람의 절반은 거리로 내몰릴 것이다. 전망은 암울하다. 온갖 고통을 겪은 후 노동자들은 그들에게 이민 외에는 아무것도 남지 않았음을 깨달을 것이다!"

*

자본의 축적에는 명확히 한계가 있다. 자본을 투자할 수 있는 곳이 많이 생겼음에도, 이자율의 하향세는 잉여가치가 얼마나 증가했는지를 가리킨다. 이 이자율 하락은 뵘바베르크[6]의 '수확

체감'의 법칙과 일치한다. 즉 다른 모든 경우와 마찬가지로 자본도 지나치게 풍부해지면 과잉자본에게는 덜 유리한 투자처만 돌아간다. 이 과잉자본은 자본이 풍부하지 않을 때만큼 큰돈을 벌 수 없기 때문에, 안전한 투자처를 놓고 경쟁하는 동시에 모든 자본에 대한 이자율을 끌어내린다. 찰스 A. 코넌트[7] 씨는 현재처럼 이자율이 낮은 상황에서도 안전한 투자처를 찾기 위해 자본이 벌이는 치열한 쟁탈전을 잘 묘사했다. 그리스는 터키와의 전쟁이 끝났을 때 영국, 프랑스, 러시아의 보증하에 국채를 아주 쉽게 발행했다. 낮은 수익에도 파리에 배정된 액수(4100만 프랑)의 스물세 배 이상의 돈이 몰렸다. 최근에 영국, 프랑스, 독일, 네덜란드, 스칸디나비아 국가들은 일제히 국채를 5%에서 4%로, 4.5%에서 3.5%로, 3.5%에서 3%로 내릴 계획을 세웠다.

국제통계협회가 1895년에 채택한 계산에 따르면, 영국, 프랑스, 독일, 오스트리아·헝가리는 유통 유가증권에만 460억 달러의 자본을 투자하고 있다. 그럼에도 파리는 자국에 배정된 그리스 국채에 스물세 배 이상을 신청한 것이다! 요컨대, 돈이 싸다. 앤드루 카네기와 그의 형제인 부르주아 왕들은 매년 수백만 달러를 기부하지만, 그럼에도 밀물은 계속 흘러넘친다. 이 엄청난 자본 축적은 '무모한 유전 시추', 부정한 연합, 유령 사업, 허위 공시

---

6 에우겐 폰 뵘바베르크(Eugen von Bohm-Bawerk, 1851~1914). 오스트리아의 경제학자.
7 찰스 아서 코넌트(Charles Arthur Conant, 1861~1915). 미국의 언론인, 작가.

등을 유발했지만, 그런 도둑질은 아무리 규모가 커도 자본의 총량을 줄이는 데에는 거의 또는 전혀 효과가 없다. 놀라운 발명품이나 생산수단의 혁명이 자본 집중을 이끄는 시대는 지났지만, 이 축적된 자본은 어딘가에, 어떤 식으로든 출구를 필요로 한다.

지금처럼 생산물을 분배하는 조건하에서 큰 나라가 소비 능력보다 훨씬 많이 생산할 수 있는 수단을 갖게 되었을 때, 그 나라는 잉여 생산물을 팔기 위해 다른 시장을 찾는다. 다른 어떤 나라가 비슷한 상황에 처하면, 당연히 그 시장을 둘러싸고 경쟁이 벌어진다. 세 번째, 네 번째, 다섯 번째 나라가 출현하면 잉여 생산물의 처분은 심각한 문제가 된다. 각 나라에 활동 자본을 훌쩍 뛰어넘는 엄청난 양의 유휴자본이 계속 증가하고, 그들이 서로 노리는 해외 시장이 자체적으로 비슷한 상품을 생산하기 시작하면, 문제는 심각한 단계를 넘어 위험한 수준에 이른다.

해외 시장을 둘러싼 투쟁이 지금보다 더 극심한 적은 없었다. 해외 시장은 정체된 자본의 주요한 배출구다. 약탈 자본은 안착할 만한 곳을 찾아 전 세계를 배회한다. 해외 시장에 대한 이 절박한 필요가 전 세계를 거대한 식민 제국의 시대에 빠뜨리고 있다. 그러나 이는 과거처럼 다른 민족과 나라의 산물을 얻기 위해 벌이는 정복이 아니라, 자국의 생산물을 그들에게 팔기 위한 특권을 의미한다. 과거에는 이론상 식민지의 존재와 번영이 본국에 의존했지만, 이제는 본국의 존재와 번영이 식민지에 의존한다. 그리고 미래에 본국을 지탱하는 그 식민지가 잉여가치를 생산하는 방식에 대해 영리해지고 자신의 상품을 역으로 본국에 팔게 된다면 어떤 일이 벌어질까? 그때 세계는 착취가 완료되고, 자본주의적 생산은 발전의 최대치에 도달할 것이다.

해외 시장과 미개발 국가는 주로 그 순간을 지연하는 역할을 한다. 지구상에서 혜택을 받은 지역들은 이미 사람이 거주하고 있지만, 그중 많은 지역은 아직 자원이 개발되지 않았다. 그 지역을 소유하는 야만적이고 퇴폐적인 종족들이 오래전에 그곳을 강탈당하지 않은 것은 그들의 군사적 위용 때문이 아니라 산업국가들의 질투 어린 경계 때문이다. 강대국들은 서로를 견제한다. 오스만 제국이 살아 있는 것은 강대국들 중 아직 약탈 방법을 확실히 모르는 나라들이 호의를 베풀고 있기 때문이다. 또한 미국은 최고의 번영을 구가하면서도 [탐욕 때문에] 열강들의 중국 분할에 반대하고, 그 거대한 몸뚱이로 굶주린 나라들과 스페인의 잡종 공화국들 사이를 비집고 들어간다.[8] 자본은 빠져나갈 길을 찾지 못하고 계속 차오르다 결국 모든 둑을 무너뜨리고 중국과 남아메리카 같은 광활한 땅을 일거에 휩쓰는 순간을 맞이한다. 그런 뒤에는 더 이상 착취할 세계가 남지 않게 되고, 자본주의가

---

[8] 당시 중국에서는 제국주의 열강들이 '세력 범위'라는 이름으로 영토를 잠식해가고 있었다. 1899년에 영국은 그의 '세력 범위' 안에서 관세 지불을 거부했고, 다른 국가들도 영국의 선례를 따름으로써 중국은 분할의 위기에 놓이게 되었다. 그러나 '세력 범위'를 갖지 못한 미국이 분할에 동의하지 않았다. 중국이 분할되면 미국은 대륙으로 진출할 수 없었기 때문이다.

제 무게에 못 이겨 무너지거나, 방향 전환이 일어나 역사에 신기원이 기록된다.

극동은 화려한 장관을 연출한다. 서양 국가들이 혈안이 되어 달려들고, 중국 분할 문제를 둘러싸고 세력 범위와 문호 개방[9]을 주장하는 아우성이 난무하지만, 이 와중에도 다른 힘들이 강력하게 작용하고 있다. 서양의 신흥 민족국가들이 오래된 국가들을 벽으로 밀어붙이고 있을 뿐 아니라, 동양도 깨어나기 시작했다. 미국 무역은 전진하고 영국 무역은 기반을 잃어버리고 있으며, 이와 동시에 일본, 중국, 인도가 직접 게임에 뛰어들고 있다.

1893년에 중국은 미국에서 10만 개의 드릴을 수입하고, 1897년에는 34만 9000개를 수입했다. 1893년에 중국은 미국에서 25만 2000개의 강판을 수입한 반면, 영국에서는 7만 1000개의 강판을 수입했다. 면제품과 방적사 무역(중국과의 전체 무역에서 40%를 차지한다)에서 미국은 괄목할 만한 진전을 보였다. 지난 10년 동안 미국의 무지(無地) 제품 수입은 양으로 121%, 액수로 59.5% 증가한 반면, 영국과 인도를 합친 수입은 양으로 13.75%, 액수로 8% 하락했다. 이 수치의 출처인 《중국의 분할》을 쓴 찰스 베리스퍼드[10] 경은 영국의 방적사는 하락하고 인도의 방적사가 선두로 나섰다고 말한다. 1897년에 미국은 방적사를 인도에서

---

[9] 이는 미국의 주장이다.
[10] 찰스 윌리엄 드 라 포어 베리스퍼드(Charles William de la Poer Beresford, 1846~1919). 영국의 해군 제독, 의회 의원.

14만 피컬[11], 일본에서 18만 피컬, 상하이에서 4500피컬, 영국에서 700피컬 수입했다.

바로 어제 중세의 쇼군 통치에서 벗어나 과학 지식과 서양 문화를 단숨에 따라잡은 일본은 오늘 벌써 잉여가치를 생산하기 위해 획득한 엄청난 지식을 보여주고 있으며, 영국이 100년 전 유럽에서 했던 역할을 내일 아시아에서 똑같이 행할 준비를 하고 있다. 100년으로 인한 국제 정세의 차이가 분명 일본의 성공을 가로막을 테지만, 동양이라는 무대에서 시작된 극적인 산업화에서 일본이 주도할 역할까지 가로막지는 못하리라는 것도 똑같이 분명하다. 일본이 우창 항을 통해 수입한 물품은 1891년에는 2만 2000냥에 불과했지만, 1897년에는 28만 냥으로 증가했다. 성냥, 회중시계, 탁상시계에서부터 철도 차량에 이르는 공산품의 경우 일본은 이미 아시아 시장에서 경쟁자들에게 큰 충격을 안겨주었는데, 생산 설비를 갖추는 단계에서 그런 힘을 이미 보여주었다. 머지않아 일본도 증가하는 세계 자본에 자신의 몫을 더할 것이 분명하다.

오랫동안 아시아 상업을 장악해온 거대 교역국 영국에 대하여 찰스 베리스퍼드 경은 이렇게 말한다. "그러나 경쟁은 불리해지고 있다. 영국 상인의 활동력은 다른 나라의 경쟁자들과 대등해지고 있다. (…) 중국 상인이 경쟁에 뛰어들고 이 나라에 증기기관

---

11   중국, 태국의 중량 단위. 약 60.48킬로그램.

이 들어와 중국에 변화된 조건을 만들어내고 있다." 그러나 다음의 말에서 감지되는 애처로운 어조는 훨씬 더 불길하다. "새로운 산업들을 개발해야 한다. 그리고 나는 (영국) 상공회의소에 (…) 원주민이 영국 제조업자와 어떤 교역 부문에서 경쟁을 하면 할수록 원주민은 더 많은 기계를 필요로 할 테니, 만일 우리의 제조업자들이 충분한 사업을 벌이고 있다면 그런 기계에 대한 주문이 이 나라로 올 것이라는 사실에 주목하라고 특별히 주문하고 싶다."

동양은 서양의 관리하에 잉여가치를 창출하는 과정에서 얼마나 큰 역할을 할 수 있는지를 보여주기 시작했다. 서양 자본을 막는 장벽이 사라지기도 전에 동양은 이미 착취당하고 있을 가능성이 충분하다. 베리스퍼드 경이 상공회의소에 호소한 내용을 분석하면 다음과 같은 진실이 드러난다. 첫째, 동양은 스스로 상품을 제조하기 시작했다. 둘째, 여기에 필요한 기계를 팔 수 있는 특권을 둘러싸고 서양에서 치열한 경쟁이 일어날 것이다. 필연적으로 다음과 같은 의문이 고개를 든다. **이 기계를 모두 공급한 후에 서양은 무엇을 할 수 있는가?** 동양뿐 아니라 현재 미개발 상태에 있는 모든 나라가 수중에 잉여 생산물을 갖고서 구(舊)산업국가들에 맞선다면, 이는 자본주의적 생산이 발전의 최대치에 도달했음을 보여줄 것이다.

하지만 그 전에 시간이 끼어들어, 숨을 한번 돌릴 수 있는 시기를 허락할 것이다. 과거의 어느 시대에도 주어진 적이 없는 새로운 로맨스, 경제의 로맨스가 탄생할 것이다. 세계 제국이라는 달콤한 경품에 현혹되어 지상의 국가들이 고삐를 늦추지 않고 정상을 향해 오를 것이다. 강대국이 뜨고 지고, 빠르게 소용돌이치는 정세 속에서 강력한 연합이 결성되고 해체될 것이다. 종속국과 속령이 교역 상품처럼 오고 갈 것이다. 과거에 공업 도시가 생겨날 때 영국 남부에서 북부로, 또는 구세계에서 신세계로 인구가 이동한 것처럼, 경제의 중심지가 불가피하게 바뀜에 따라 인구가 위아래로 요동치리라고 충분히 짐작할 수 있다. 엄청난 사업들이 계획되고 시행되어, 거대한 규모의 자본 연합과 노동 동맹을 탄생시킬 것이다. 집중화와 조직화는 지금까지 꿈꿀 수 없었던 완벽한 수준에 도달할 것이다. 어느 나라든 밀물 속으로 가라앉지 않길 바란다면 수요에 공급을 정확히 맞추고, 마지막 남은 재료 하나까지도 낭비하지 말아야 한다. 수백만의 생활수준은 틀림없이 하락할 것이다. 자본이 증가하고 안전한 투자처를 확보하려는 경쟁이 치열해지고, 그로 인해 이자율이 하락함에 따라, 편하게 돈을 벌던 원금의 존재마저 위태로워질 것이다. 노동자계급은 노후를 위한 저축을 중단할 것이다. 희망봉을 돌아 인도 제국에 이르는 신항로가 발견되었을 때 이탈리아의 상업 도시들이 무역의 주도권을 잃고 추락한 것처럼, 세계 제국의 현상금을 거머쥐지 못한 나라들은 전율의 시기를 맞이할 것이다. 그들은 이 정해진 방향으로 나아가 발전의 최대치에 도달하고, 그 후에는 전 세계가 같은 방향으로 나아가 최대치에 도달할 것이다. 그들이 설 자리는 더 이상 없을 것이다. 그러나 그들이 세계 산업의 궤도 밖으로 튕겨 나가도 그 충격을 견디고 살아남는다면 그 결과, 방향 전환이 쉽게 이루어질 것이다. 퇴폐적이고 야만적인 종족들은 압사당하리라고 충분히 짐작할 수 있다. 이와 마찬가지로 강한 종족들은 살아남아 과도기에 진입하고, 전 세계도 궁극적으로 이 단계에 들어설 것이다.

이 방향 전환은 반드시 산업 과두제나 사회주의를 향할 것이다. 사기업의 기능이 점차 증가하여 결국 중앙정부를 흡수하거나, 정부의 기능이 점차 증가하여 기업을 흡수할 것이다. 과두제를 예상하는 관점도 충분히 타당하다. 또한 낡은 제조업 국가가 해외무역을 잃는다면 사회주의 정부를 건설하기 위한 노력이 강해지리라고 충분히 예측할 수 있다. 물론 그 노력이 당연히 성공한다고는 볼 수 없다. 부자 계급이 국가와 세입과 모든 생존 수단을 지배하고, 자신의 이익을 지키기 위해 긴장을 늦추지 않고 있으므로, 위기가 지나갈 때까지 대중에게 강한 재갈을 물릴 가능성이 없지 않다. 과거에도 그랬고, 앞으로도 그러지 말아야 할 이유가 전혀 없다. 지난 세기말에 사회주의 정부를 건설하려는 운동이 일어났지만 어리석음과 미숙함 때문에 처참히 실패했다. 1871년에 경제를 지배하는 자들의 군대가 한 세대에 걸친 투쟁적인 사회주의자를 뿌리째 소멸시켰다.

위기가 지나가면 지배계급은 자신의 안전을 더욱 굳히기 위해 계속 고삐를 당기면서 사회를 재조정하고 소비와 생산의 균형을 맞추려 할 것이다. 적은 수익에 만족해야 하는 대자본들은 안전한 투자처를 독점하게 되었으므로, 더 많은 잉여가치의 생산이 아니라 영속적인 개선을 추구하는 방향으로 나아가고, 그로 인해 국민은 일자리를 얻고 새로운 사회질서에 만족할지 모른다. 고속도로, 공원, 공공건물, 기념관이 건설되고, 노동자들에게 더 좋은 공장과 주택을 제공하기에도 좋은 상황이 올 수도 있다. 이 자체는 사회주의적일 수 있지만, 한 계급을 제외하고 과두제 지배자에 의해서만 진행된다는 결정적 차이가 있다. 이자율이 0까지 떨어지고 산발적으로 출현하는 자본이 투자할 곳은 없는 상황에서 국민의 저축은 완전히 중단되고 노후 연금이 당연지사가 될 것이다. 또한 그런 체제에서는, 인구가 생존 수단을 압박하기 시작할 때 (생존 수단의 확대는 불가능하므로) 하층계급의 출산율이 하락하는 것은 논리적 필연이다. 하층계급이 스스로 주도하든 지배 계층이 개입하든 그렇게 되어야 하고, 그렇게 될 것이다. 다시 말해, 과두제는 노동의 자본화와 전 인구의 노예화를 의미할 것이다. 그러나 그 노예제는 어느 세계에 출현한 것보다 더 공정하고 정당할 것이다. 1인당 임금과 소비가 증가할 테니, 출산율을 엄격히 통제하면 그런 나라가 여러 세대에 걸쳐 존속하지 못할 이유는 없다.

다른 한편으로 지구에 대한 자본주의의 착취가 최대치에 근접하면 외환시장에서 밀려난 나라들은 사회주의로 방향을 전환할 가능성이 매우 높다. 이때 집단적 소유 및 운영에 관한 이론이 처음 출현하는 곳이라면, 그런 운동은 성공 가능성이 낮을 것이다. 하지만 그렇지 않다. 사회주의 이론은 19세기의 전 기간에 발전하고 성장했다. 그 교의는 노동과 자본의 이해가 충돌하는 모든 곳에 전파되었고, 실례로 입증될 기회가 있었으며, 이번에도 항상 개인에게만 속해 있던 기능들을 국가가 떠맡은 경우였다.

자본주의적 생산이 최대치의 발전에 도달하면 사회는 필연적으로 갈림길에 직면한다. 한편으로 자본의 힘, 다른 한편으로 노동자의 교육 수준 및 지혜가 그 사회의 향후 경로를 결정한다. 대중의 타성을 고려할 때 전 세계가 머지않아 산업 과두제들의 집단이나 어느 거대한 과두제의 지배하에 놓일 수도 있지만, 그럴 가능성은 희박하다. 과두제가 산발적으로 출현해 일정한 시간 동안 번영할 가능성은 매우 높지만, 반대로 지속적인 번영을 누릴 가능성은 매우 희박하다. 시간의 장구한 흐름에는 인간의 상승뿐 아니라 평민의 상승도 기록되어 있다. 신성한 왕권이 무너지고 제왕의 홀이 떨어져 깨지는 와중에 평민은 소유물로서의 노예 혹은 토지에 결박된 농노에서 근대 시민사회의 가장 높은 자리까지 차근차근 사다리를 올랐다. 여기까지 오른 평민이 다시금 산업 과두제의 영원한 노예로 전락한다는 것은 그가 밟아온 모든 역사가 소리 높여 항의할 일이다. 평민은 보다 나은 미래를 누릴 가치가 있다. 그렇지 않으면 그렇게 훌륭한 과거를 소유할 가치가 없다.

*

주(註)—위의 글은 1898년으로 거슬러 올라간다. 바뀐 부분은 1900년까지 연장된 몇몇 통계 수치뿐이다. 작가의 상업적 투기라는 측면에서 이 글은 흥미로운 역사를 갖고 있다. 이 글을 완성했을 때 한 주요 잡지사가 즉시 원고를 구입하고 돈을 지불했다. 편집자는 이 글은 "일단 수중에 들어오면 손에서 놓을 수 없는 기사"라고 털어놓았다. 그리고 자발적으로 즉시 출판하겠다고 약속했다. 그런 뒤 편집자는 이 글의 급진적인 성격에 두려움을 느끼고 원고료를 회수하고 출판도 하지 않았다. 그 후 아무리 수소문을 해도 부르주아 정기간행물을 내는 편집자 중에서는 이 글을 출간할 정도로 무모한 사람을 찾을 수 없었다. 그렇게 해서 이 글은 7년이 지난 후에야 빛을 보게 되었다.

구함: 새로운 발전 법칙

《계급 전쟁》에 수록된 글이다.

이제 진화는 단지 가설이 아니다. 과학의 각 부문과 하위 부문은 하나씩 차례로 진화의 증거를 제시해왔다. 이제 논란은 끝나고 판결은 내려졌다. 진화의 방법에 관한 논의가 아직 남아 있지만, 그럼에도 진화는 모든 생물학적 현상을 설명하는 과정, 즉 생명이 매우 다양한 종, 과, 심지어 계로 분화해온 과정으로 확실히 인정되고 있다. 이와 마찬가지로 진화의 법칙도 확실히 인정되었다. **생존을 위한 투쟁에서 강하고 적합한 자와 그 자손은 약하고 부적합한 자와 그 자손보다 더 좋은 생존 기회를 누린다는 법칙이다.**

이 법칙이 작용하는 곳은 한 종이 다른 종 및 환경 내부의 다른 모든 적과 투쟁하는 영역, 또한 한 종의 개체들이 서로 투쟁하는 영역이다. 음식과 주거지를 얻기 위한 이 투쟁에서 약한 개체는 당연히 강한 개체보다 음식과 주거지를 조금밖에 얻지 못한다. 이 때문에 그들은 생명력이 약해지고, 결국 제거된다. 그리고 충분한 음식과 주거지를 얻지 못하는 것과 같은 이유로 약자는 강자만큼 자손에게 생존의 기회를 넉넉히 마련해주지 못한다. 그리고 약자는 대체로 약함을 낳기 때문에, 무능한 구성원은 종에서 끊임없이 제거된다.[1]

이 때문에 힘에는 프리미엄이 붙고, 식량과 주거지 확보를 위한 투쟁이 벌어지는 한에서 각 세대의 힘의 평균치는 증가할 것이다. 반면에 조건이 변하여 강자뿐 아니라 약자까지 포함한 모두와 그 모두의 자손이 동등한 생존 기회를 갖게 된다면, 그 즉시 각 세대의 힘의 평균치는 감소하기 시작할 것이다. 그러나 아직 동물의 영역에서 그런 상황은 한 번도 발생하지 않았다. 언제나 자연선택이 지배했다. 강자와 그 자손이 항상 약자를 짓밟고 생존했다. 이 발전 법칙은 과거의 전 기간에 걸쳐 모든 생명에게 작용했고, 지금도 작용하므로, 적어도 자연 상태에 존재하는 모든 생명에게는 미래에도 계속 작용하리라고 말해도 무방하리라.

인간은 동물계에서 독보적인 종으로 부적합한 환경에 반응하여 그 환경을 적합하게 만드는 능력을 지녔지만, 그럼에도 이 발전 법칙에 종속된 종으로 살고 있다. 인간을 지배하는 사회 선택은 자연선택의 다른 형태에 불과하다. 사실 얼마간 좁은 한도 내

---

[1] 21세기의 관점에서 '무능한 구성원'은 '열등한 유전자'로 대체할 수 있다.

에서 인간은 생존 투쟁의 방식을 바꾸고 약자의 수명을 덜 불안정하게 만든다. 극도로 약하고 병들고 무능한 사람들은 병원과 시설에 수용한다. 악한 강자의 힘이 사회에 유해할 때에는 징벌 기관과 교수대로 조절한다. 근시에게는 안경을 제공하고, 병약자에게는 (돈을 낼 수 있는 사람에 한하여) 요양소를 제공한다. 전염병을 일으키는 습지에서 물을 빼고, 역병을 억제하고, 재난을 막는다. 그러나 이 모든 것에도 강자와 강자의 자손은 살아남고, 약자는 밀려난다. 예나 지금이나 머리가 좋은 사람이 주인이 된다. 그들이 사회를 지배하고 사회의 부를 독점한다. 이 부로 그들은 자신을 지키고 자손에게 투쟁에 필요한 장비를 갖춰준다. 그들은 위생적인 장소에 집을 짓고, 시장에 나와 있는 최고의 과일, 고기, 채소를 구입하고, 가장 영리하고 박식한 전문가들의 서비스를 구매한다. 약자는 예나 지금이나 주인이 명령하는 대로 일하는 하인이다. 약하고 무능할수록 보수는 박해진다. 가장 약한 자는 (일하러 갈 수 있을 때) 최저생활임금을 받고 일하고, 비위생적인 빈민가에서 더럽고 부적합한 음식을 먹으며, 인간으로서 지위가 가장 낮은 밑바닥에서 생활한다. 생명력은 실로 위태롭고, 죽음은 넘쳐나고, 유아 사망률은 섬뜩하다.

  종이 진화하기 위하여 일부는 우월하게 태어나고 일부는 비천하게 태어난다는 사실은 잔인하고 슬프다. 그러나 인간은 그렇게 태어난다. 일부에겐 비만과 미소가 허락되고, 일부에겐 굶주림과 눈물만 허락되는 이 인간 솎아내기는 물론 무정한 선택 과정이며, 자연적인 만큼 무자비하다. 그리고 인류는 모험과 업적이 즐비한 그 훌륭한 기록에도 불구하고 아직 그 선택 과정을 피하는 데에는 성공하지 못했다. 인류에게 그럴 능력이 없다는 말은 터무니없다. 인류에겐 그럴 능력이 있을 뿐 아니라 사회의 전체적인 흐름도 그 방향으로 가고 있다. 모든 사회력[2]이 낡은 선택의 법칙이 무효화되는 시대로 인간을 떠밀고 있다. 상상할 수 없는 대이변이나 격변이 끼어들지 않는 한 그 흐름을 벗어날 수는 없다. 그것은 멈출 수 없다. 왜냐하면 평민이 그것을 요구하기 때문이다. 20세기는 평민의 시대라고 평민은 말한다. 20세기는 평민의 시대, 혹은 평민의 시대의 개막이다.

  아무도 부인할 수 없다. 그에겐 증거가 있다. 이전 세기들, 특히 19세기의 특징은 평민의 상승이었다. 평민은 노예제에서 농노제로, 농노제에서 그가 비통하게 부르는 '임금 노예제'로 상승했다. 평민이 지금처럼 강하고, 지금처럼 위협적인 때가 없었다. 그는 세계의 일을 하고, 이를 자각하기 시작했다. 세계는 그가 없으면 돌아가지 않으며, 그는 이 사실도 자각하기 시작했다. 과거의 모든 인간의 지식, 모든 과학 발견, 정치적 실험, 기계의 발명은 그의 상승에 이바지해왔다. 그는 생활수준이 높아졌다. 그의 초등교육은 10세기 전의 왕자들을 부끄럽게 만든다. 그는 사회적, 종교적 해방으로 자유인이 되었고, 투표로 자기보다 나은 사람들

---

2 사회를 움직이는 힘.

과 대등해졌다. 그리고 이 모든 것은 그가 자신을 의식하고, 자신의 계급을 의식하는 데 이바지해왔다. 그는 자신을 둘러보고, 저 오래된 발전의 법칙을 의심한다. 그 법칙은 잔인하고 틀렸다고 그는 선언하기 시작했다. 그것은 시대착오다. 폐지하라. 열 사람이 백 사람을 먹여 살릴 수 있는 시대에, 왜 하늘 아래에 굶주린 배가 단 하나라도 있어야 하는가? 나의 형제가 나만큼 강하지 않다면 어떻게 해야 하는가? 그는 죄를 짓지 않았다. 그는 왜 굶주려야 하고, 그의 죄 없는 어린 자식들은 왜 굶주려야 하는가? 낡은 법칙을 걷어치워라. 모든 사람에게 돌아갈 음식과 거주지가 있으니, 모든 사람이 음식과 거주지를 받게 하라.

노동자는 자신을 의식하자마자 노동조합을 만들었다. 이 계급의식을 가진 사람들의 야망은 이 운동이 일반화되는 것, 모든 노동자가 자신을 의식하고 계급적 이해를 의식하는 것에 있다. 그리고 노동자가 연대하는 날은 노동자가 세계를 지배하는 날이 되리라고 당당하게 선언한다. 이 증가하는 의식에 기초하여 두 운동이 조직되었는데, 둘은 개별적이고 독립적이지만 공동의 목표로 수렴된다. 하나는 노동조합주의라 불리는 노동운동이고, 다른 하나는 사회주의라 불리는 정치 운동이다. 둘 다 긴장된 순간을 제외하고는 일반 대중에게 예고되거나 거의 알려지지 않은, 완강하고 조용한 힘이다. 잠자는 거인인 노동자는 자본주의 언론의 주목을 거의 받지 못하고, 그가 불안하게 선동하면 놀라고 분개하고 두려워하는 칼럼 한 편으로 잠시 주목을 끌 뿐이다.

긴 침묵의 시대가 흘렀지만 여전히 노동운동은 가끔씩만 주목을 요한다. 세상은 조용하다. 친절하고 오래된 세계는 계속 돌아가고, 부르주아 지배자들은 주식이나 채권으로 이익을 얻으며 거드름과 자기만족에 머문다. 그러나 완강하고 조용한 힘들은 쉬지 않고 움직인다.

갑자기 마른하늘에서 벼락이 치듯 산업이 붕괴한다. 연안과 연안을 잇는 거대한 철도망이 바퀴를 멈춘다. 25만 명의 광부가 곡괭이와 삽을 내려놓고 창백한 얼굴로 태양을 향해 분노한다. 붐비는 대도시의 전차들이 한가로이 멈춰 서 있거나, 거대한 공장에 울리던 기계 소리가 잦아들어 침묵으로 바뀐다. 불안과 공포가 거리를 뒤덮는다. 방화와 살인이 난무한다. 밤이면 울음소리가 들리고, 성마른 노염과 돌연사가 튀어나온다. 평화로운 도시들이 라이플총 소리와 기관총 소리에 흠칫 놀라고, 다이너마이트의 포효가 몸서리치는 사람들의 심장을 뒤흔든다. 모두가 허둥지둥 서두르고 종종걸음을 친다. 중앙정부와 분쟁 지역의 전화선이 식을 줄 모른다. 주 장관들은 침통하여 깊이 생각하고 조언을 하고, 주지사는 애원을 한다. 민병대가 소집되고 군대가 모이고, 거리에는 무장 군인들의 발걸음 소리가 울려 퍼진다. 산업계와 노동계의 지도자들이 따로 혹은 함께 모여 회의를 한다. 마침내 소요는 다시 잠잠해지고, 나쁜 꿈을 꾼 듯한 기억으로 남는다.

그러나 이 파업들은 올림픽대회처럼 역사적 기원이 된다. '런던 부두 총파업', '탄광 총파업', '철도 총파업' 같은 말이 사람들의 입에 쉽게 오르내린다. 지금까지 노동자는 한 번도 이런 일을 한 적이 없다. 대흑사병이 영국을 휩쓴 후에 노동자는 넘치는 수요 속에서 순진하게도 경제법칙에 따라 더 많은 임금을 요구했다. 그러나 지배자들은 임금의 상한선을 정하고, 노동자의 이직을 금지하고, 게으름을 용납하지 않고, 불복종하는 사람을 아주 야만적인 사법 수단으로 처벌했다. 그런 정책은 20세기 첫 10년인 현재에는 효과가 있지만, 한 번의 강력한 충돌이 주인들을 권좌에서 쓸어버릴 수 있다. 지배자들도 그 점을 알고 정중하게 행동한다.

최근에 샌프란시스코에서 일어난 작은 파업은 성장하는 노동자 연대를 똑똑히 보여주는 사례였다. 레스토랑 요리사들과 웨이터들은 노조가 전혀 없어 임금만 주어지면 아무리 장시간이라도 일을 해야 했다. 미국노동총동맹의 한 대표가 그들 속으로 들어가 노조를 설립했다. 몇 주 안에 거의 2천 명이 노조에 가입하고, 5천 달러를 적립했다. 그런 뒤 그들은 임금 인상과 근무시간 단축을 요구했다. 이에 대응하여 고용주들도 조직을 만들었다. 그들은 노조의 요구를 거부했고, 요리사·웨이터 노조는 파업에 돌입했다.

조직을 결성한 고용주들 뒤에는 그들에게 공감하고 그들이 용기를 낸다면 기꺼이 도와줄 레스토랑 소유주들이 있었다. 그리고 요리사·웨이터 노조의 뒤에는 이 도시의 조직화된 노동자 4만 대군이 있었다. 만일 어느 사업가가 '불공정' 레스토랑을 드

나들다 적발되면 노동자들은 그의 사업을 보이콧했고, 만일 어느 노조원이 발각되면 자신이 속한 노조에 큰 벌금을 물거나 노조에서 쫓겨났다. 굴 회사들과 도살장들은 노조 레스토랑들에게 굴과 고기를 팔지 않으려 했다. 푸주한·고기 절단부·트럭 운전사 노조원들은 그에 대한 보복으로 비노조 레스토랑을 위해 일을 하거나 배달하기를 거부했다. 그러자 즉시 굴 회사들과 도살장들이 패배를 인정했고, 평화가 찾아왔다. 또한 비노조 사업장에서 일하는 레스토랑 제빵사들이 해고당하자, 이에 대한 대응으로 제빵 트럭 운전사들이 불공정한 사업장에 배달하기를 거부했다.

  도시 내의 모든 노동총연맹 노조들은 파업할 준비를 했고, 명령이 떨어지기만 기다렸다. 그들 뒤에서 노동 의회라 알려진 소수의 사람이 싸움을 지도했다. 차근차근 맞대응을 해가며 그들은 필요하다고 여겨지면 다음의 노조들에게 파업을 지시할 수 있었다. 빨래를 하는 세탁부 노조, 레스토랑 손님을 싣고 오가는 마부 노조, 푸주한·고기 절단부·트럭 운전사 노조, 착유사·우유 배달부·병아리 감별사 노조. 그리고 그 뒤를 이어 많은 노조들이 순전히 동조의 뜻으로 가세했다. 소매 사원 노조, 편자공 노조, 가스·전기 설비공 노조, 금속판 지붕 노동자 노조, 대장장이 노조, 대장장이 조수 노조, 마구간지기 노조, 기계공 노조, 양조공 노조, 연안 선원 노조, 니스 칠·광택 기술자 노조, 과자 제조공 노조, 실내장식공 노조, 도배공·프레스코 화가 노조, 약국

점원 노조, 맞춤복 기능공·조수 노조, 금속 노동자 노조, 보일러 제조공·금속 선박 건조공 노조, 보조 장의사 노조, 택시 기사 노조 등이 긴 목록을 이루었다.

이 모든 노조 위에, 이 모든 수천 명의 사람 위에 노동 의회가 있었다. 노동 의회가 말을 하면 모두가 그 목소리를 들었고, 노동 의회가 명령을 하면 모두가 그에 복종했다. 그러나 또한 노동 의회는 전미 노동 의회의 지배를 받고 그와 상시적으로 접촉했다. 전혀 대수롭지 않은 작은 지역 파업에서 여러 부문의 노조들이 강경한 태도를 취했다는 사실은 무척이나 흥미롭다. 고용주 협회의 법률 대리인이자 공식 대변인은 다음과 같이 말했다. "우리 단체는 방어 목적을 위해 설립되었으며, 경우에 따라서는 공격적인 자세를 취할 수 있고, 만일 그렇다면 매우 강한 태도로 철저한 공세를 펼 것이다. 노동자가 자본에게 명령을 내리고, 사업을 어떻게 하라고 말할 수는 없는 일이다. 노동조합과 조합위원회를 결성하는 데에는 전혀 반대하지 않으나, 가입이 의무적이어서는 안 된다. 그것은 미국의 자유사상에 위배되므로 용인되어서는 안 된다."

반면에 팀 운전[3] 노조위원장은 이렇게 말했다. "이 도시의 고용주들은 일반적으로 노동조합 운동에 반대하고, 합심하여 조직화된 노동의 진전을 억제하려고 애를 쓰는 듯하다. 현재의 노사 분규에 맞춰 그들이 취하는 그런 행동이 만일 계속된다면 심각

---

3 2인 1조의 트럭 운전.

한 갈등으로 이어질 것이고, 그 결과는 샌프란시스코의 경제 및 산업에 막대한 손해로 드러날 것이다."

또한 제빵 노동자 연합의 간사는 이렇게 말했다. "나는 동조 파업이 조직 노동자가 자신을 방어하기 위해 사용해야 할 마지막 무기라고 생각한다. 그러나 고용주 단체들이 조직 노동자나 그 지부들 중 하나를 깨뜨리기 위해 하나로 뭉친다면, 우리도 망설이지 않고 그에 대한 보복으로 똑같은 수단을 사용해야 하고 또 사용할 것이다."

이와 같이 세계의 작은 구석에서 노동자 연대가 성장하고 있음을 보여주는 예가 출현했다. 노동의 조직화는 산업의 조직화를 따라잡았을 뿐 아니라, 이미 추월했다. 어느 해 겨울 무연탄 지대에서 탄광 자본 1억 6천만 달러와 운송 및 유통 자본 6억 달러가 소유권과 지배권을 합병했다. 그러자 즉시 반대편에서 15만 명의 무연탄 광부가 그에 못지않게 강고한 대오를 형성했다. 그러나 역청 탄전들은 자본 합병을 하지 않았음에도, 그 업종에 고용된 25만 명의 광부는 이미 조직을 결성한 상태였다. 더 나아가 그들은 무연탄 광부들과도 결합했고, 이렇게 뭉친 40만 명의 광부들은 최고의 단일 노동 의회로부터 감독과 지시를 받았다. 이 의회를 비롯한 대규모 의회들에서 경제 및 산업의 상황을 이해하여 광부들의 적인 산업의 지도자들과 맞설 수 있는, 뛰어난 능력을 지닌 노동 지도자들이 부상할 것이다.

미국은 구석구석 노동단체가 침투해 있다. 또한 이 단체들로 이루어진 큰 연맹들은 수백만 조합원을 끌어들였고, 다양한 지부를 통해 매년 수백만 달러를 사용한다. 이뿐이 아니다. 국제적인 단체와 조합이 결성되고 있으며, 파업 참가자를 돕기 위해 돈이 바다를 건너 오가고 있다. 기계공 노조가 아홉 시간 노동을 요구할 때 미국, 멕시코, 캐나다에 걸쳐 50만 명을 감동시켰다. 키어 하디의 추산에 따르면, 영국에서 노동자 단체의 회원은 250만 명이고, 적립금은 1800만 달러라고 한다. 영국의 협동조합 운동은 회원이 150만 명에 이르고, 유통액이 한 해 1억 달러를 상회한다. 프랑스에서 비노조원은 전체 노동자의 8분의 1뿐이다. 벨기에에서는 노조가 고용주에게 도전할 정도로 부유하고 강력한 탓에, 많은 영세 제조업자들이 노동자에게 대항하지 못하고서 "노동단체가 강력하지 않은 다른 나라로 사업을 이전하고 있다." 또한 다른 모든 나라에서도 저마다 경제 및 정치의 발전 단계에 따라 비슷한 수치가 나온다. 오늘날 유럽은 그들의 가장 큰 사회문제는 노동문제이며, 정치인들은 이 문제에 가장 주의하고 있다고 고백한다.

노동단체는 영국 무역을 퇴보시키는 주요인 중 하나로 널리 알려져 있다. 노동자들은 역사상 처음으로 계급의식을 갖게 되었다. 한 명의 손해는 모두의 손해다. 노동자들은 근시안적인 생각만으로도 고용주의 이익은 그들의 이익이 아님을 깨달았다. 그들은 열심히 일할수록 주인을 위한 부를 더 많이 생산하게 된다고 믿는다. 게다가 노동자가 하루에 일을 더 많이 할수록, 그 일에 필요한 사람의 수가 줄어든다. 그래서 노조는 조합원들에게 하루의 할당량을 부여하고, 그 이상의 노동은 허락하지 않는다. 1898년 4월 호 〈19세기(Nineteenth Century)〉에 포함된 「노동조합주의에 관한 연구(A Study of Trade Unionism)」에서 벤저민 테일러(Benjamin Taylor)는 몇 가지 흥미로운 보강 증거를 제시했다. 그 글에 제시된 사실들은 고용주 협회 이사회가 수집한 것들이고, 그 사실들을 입증하는 서류는 간사들의 수중에 있다. 어느 회사에서 조합 노동자들은 하루에 탄약 여덟 상자를 만들었다. 더 만들라고 설득해도 소용없었다. 영어를 못하는 스위스 청년이 일을 시작했는데, 첫날 쉰 상자를 만들었다. 같은 회사에서 숙련 노조 노동자는 하루에 기관총 한 대 분량의 외부 손잡이를 연마했다. 그것이 그들의 할당량이었다. 단 한 명도 더 많이 일한 적이 없었다. 어느 날 비노조 연마공이 공장에 들어와서는 하루에 열두 대 분량을 연마했다. 맨체스터의 한 회사는 커다란 주조 바닥을 편평하게 까는 데 노조 노동자는 190시간이 걸리고, 비노조 노동자는 135시간이 걸린다는 사실을 알아냈다. 다른 경우에 한 남자는 노조에서 탈퇴한 후로 이전보다 매일 두 배의 양을 일했다. 최악의 사례로, 한 영국 신사는 노조 벽돌공들이 벽을 쌓는 것을 보러 갔을 때, 그중 한 명이 오른팔을 몸에 묶은 채 왼팔로만 일하고 있는 것을 보았다. 어처구니없게도 그는 워낙 힘이 넘치는 사람이라 그렇게 하지 않으면 무심결에 노조가 허락한 양보다 더 많은 벽돌을 쌓게 되어서였다.

"깨어나라, 영국이여!"라는 외침이 영국 전체에 울려 퍼진다. 그러나 부루퉁한 거인은 꼼짝도 하지 않는다. 그가 말한다. "영국의 무역이 파산한들, 내가 잃을 것은 무엇인가?" 그래서 영국은 무기력하다. 영국 노동자의 생산능력이 1인 데 비해, 미국 노동자의 생산능력은 2.25이다. 또한 노동 연대와 파업의 파괴력 때문에 영국 자본가들은 모험적인 미국 자본가와 우열을 다툴 엄두조차 내지 못한다. 그래서 영국은 무역이 손가락 사이로 새어 나가는 것을 지켜보며 헛되이 울부짖는다. 한 특파원은 이렇게 썼다. "노조의 막대한 힘이 산업계 전반에 음침한 구름을 드리운 채 노동자와 고용주에게 똑같이 악영향을 미치고 있다."

노동운동에 비해 사회주의라는 정치 운동은 일반 대중에게 거의 인정받지 못하고 있는 듯하다. 사회주의 운동이 걸어온 위대한 발자취와 오늘날 드러내고 있는 불길한 전선은 대중에게 선뜻 이해되지 않으며, 모든 나라에 뿌리를 내렸음에도 자본주의 신문은 지면을 거의 할애하지 않는다. 그 모든 항변과 열정과 흥분의 이면에서 사회주의는 거대하고 차디찬 해일처럼 저항할 수 없고 돌이킬 수 없는 힘으로 밀려와 현 사회를 야금야금 집어삼키고 있다. 그 자체의 설교에 의하면 사회주의는 돌이킬 수 없다. 한 번 출현한 사회는 제 역할을 다하고 사라지게 마련이며, 이와 마찬가지로 현 사회도 빠르게 소멸을 향해 가고 있다고 사회주의는 주장한다. 현재는 과도기이며, 매우 짧은 시기임이 분명하다. 태어난 지 100년도 채 안 된 자본주의는 아주 빠르게 성숙하고 있는 탓에 또 한 번의 생일을 맞이할 때까지 결코 살아남지 못한다. 그럴 희망은 전무하다고 사회주의자들은 말한다. 자본주의는 운이 다했다.

사회주의의 기본 교의는 그 무시무시한 이론, 유물론적 역사관이다. 인간은 영혼의 주인이 아니다. 인간은 거대하고 맹목적인 힘들의 꼭두각시다. 인간의 삶과 죽음은 강제적이다. 모든 사회윤리는 현존하는 경제 조건과 잔존하는 과거의 경제 조건을 반영한다. 인간이 건설하는 사회제도는 그렇게 건설될 수밖에 없는 것들이다. 어느 시대에나 그 제도가 어떤 모습을 띨지, 얼마나 오래 작동할지, 무엇으로 교체될지는 경제법칙이 결정한다. 그래서 사회주의자들은 경제 과정을 통해 자본주의사회의 성숙과 새로운 협동 사회의 도래를 설파한다.

사회주의의 두 번째 큰 교의는 계급투쟁으로, 이는 유물론적 역사관의 한 양상이다. 사회적 생존 투쟁에서 인간은 어쩔 수 없이 계급으로 나뉜다. "지금까지 모든 사회의 역사는 계급투쟁의 역사다." 현존하는 사회에서 자본가계급은 노동자계급, 즉 프롤레타리아를 착취한다. 착취하는 자의 이익은 착취당하는 자의 이익과 일치하지 않는다. 한편은 "이윤은 합법적"이라고 말한다. 다른 한편은 계급의식을 갖췄을 때, "이윤이란 지급하지 않은 임금이고, 따라서 이윤은 강탈 행위"라고 말한다. 자본가가 이윤을 주장하는 것은 그가 모든 생산수단의 소유자이기 때문이다. 그가 합법적 소유자인 것은 그가 사회의 정치기구를 통제하기 때문이다. 사회주의자는 정치기구를 장악해서 생산수단에 대한 자본가의 소유를 불법으로 만들기 위해 노력한다. 그래서 세계는 결국 이 두 계급이 벌이는 현재와 같은 투쟁에 돌입한다.

  과학적 사회주의는 아주 젊다. 어제만 해도 포대기에 싸여 있었다. 그러나 오늘은 벌써 혈기 왕성한 젊은 거인이 되어, 자신이 무엇을 원하는지를 알고, 원하는 것을 얻기 위해 싸울 준비를 단단히 하고 있다. 과학적 사회주의는 국제회의를 열고, 이 자리에서 수백만의 사회주의자를 대표하는 지도자들이 세계정책을 공식화한다. 사회주의의 대의를 위해 일하는 사람은 작은 벨기에만 75만 명이 있고, 독일에는 300만이 있다. 오스트리아에서 사회당 득표수는 1895년과 1897년 사이에 9만에서 75만으로 늘었다. 1871년에 프랑스는 한 세대에 속한 사회주의자를 뿌리째 제거했지만, 1885년에 다시 3만 명이 되었고 1898년에는 100만으로 늘어났다.

  최후의 스페인 정복자가 물러나기 전에 쿠바에서는 이미 사회주의 그룹이 형성되고 있었다. 먼 일본에서도 20세기가 열리는 이때에 토모요시 무라이라는 사람이 이렇게 썼다. "요즘 사회주의에 대한 인민의 관심이 부쩍 증가했다. 특히 우리 노동자들 사이에서도 그러하고, 젊은 학생들의 모임에서도 그러하다. 우리는 진지하고 열성적인 청중을 모아 2천 명이 들어올 수 있는 강연장을 가득 채울 수 있다. (…) 일본의 사회주의 지도자들 가운데 훌륭하고 잘 훈련된 강연자가 다수 있다는 사실은 기쁜 일이다. 오늘 밤의 첫 번째 연사인 키요시 카와카미 씨는 유력하고 독립적이고 명확히 사회주의적이며 널리 유통되고 있는 이 도시(도쿄)의 한 신문에서 주필을 맡고 있다. 카와카미 씨는 학자일 뿐 아니라 대중적으로 알려진 작가다. 그가 오늘 밤 다룰 주제는, '사회주의의 핵심―기본 원리들'이다. 다음 연사는 우리 연합의 회장인 이소 아베 교수로, 그가 다룰 연설의 주제는 '사회주의와 현 사회체제'다. 세 번째 연사는 이 도시에서 발행되는 또 다른 강력한 일간신문의 주필인 나오에 키노시타 씨다. 그는 '사회주의적 이상과 계획을 실현하는 법'을 주제로 강연을 한다. 다음 연사인 시게요시 스기야마 씨는 하트퍼드 신학대학의 대학원생이자 사회 기독교를 주창하는 사람으로, 그가 연설할 주제는 '사회주의와 시정 문제'다. 마지막 연사는 〈노동 세계〉의 주필이자 이 나라에서 노동조합 운동을 일으킨 최초의 지도자 센 카타야마 씨로, 그가 연설할 주제는 '유럽과 미국에서의 사회주의 전망'이다. 모든 연설은 책자로 발행되고 인민에게 배포되어 이 주제에 대한 인민의 생각을 계몽할 것이다."

또한 사회의 정치기구를 장악하기 위한 투쟁에서 사회주의는 더 이상 선전에 국한하지 않는다. 이탈리아, 오스트리아, 벨기에, 영국에는 국가기관 내부에 사회주의자들이 있다. 런던 시의회의에서는 132명의 의원 중 91명이 보수주의자들에게 사회주의자라고 비난을 받는다. 독일 황제는 제국의회로 돌아가는 의원의 수가 증가하자 불안과 분노를 느끼고 있다. 프랑스에서는 마르세유를 비롯한 여러 대도시가 사회주의자들의 수중에 있다. 국민회의에도 다수의 사회주의자가 있고, 내각에는 사회주의자인 밀랑[4]이 앉아 있다. 그에 대하여 르루아볼리외 씨는 이렇게 말한다. "밀랑 씨는 사적 소유, 사적 자본에 공공연히 반대하고, 생산의 사회주의화를 단호히 주장한다. (…) 지속적으로 폭력을 선동하고, (…) 공공연하고 호전적인 집산주의자가 정치에 참여하고, 상업 및 산업 부문을 지배하고, 모든 법을 입안하고 도소매 상인들에게 일임되어야 할 모든 법안의 통과를 주재하고 있다."

미국에는 이미 사회주의자 시장과 주 입법의원들이 있으며, 사회주의 신문들을 구독하는 사람이 수십만에 이른다. 1896년에는 3만 6천 명, 1900년에는 거의 20만 명, 1904년에는 45만 명이 사회당 대통령 후보에게 표를 던졌다. 또한 미국은 아직 어리지만 급속히 성숙하고 있으며, 사회주의자들이 유물론적 역사관에 기초하여 주장하는 바에 따르면, 미국은 전 세계에서 노동자가 정치기구를 장악하고 부르주아의 재산을 몰수하는 최초의 나라가 될 거라고 한다.

*

그러나 사회주의 운동과 노동운동은 최근에 새로운 국면을 맞

---

[4] 알렉상드르 밀랑(Alexandre Millerand, 1859~1943). 사회주의 성향의 프랑스 정치가.

이했다. 둘 다에 괄목할 만한 태도 변화가 발생했다. 오랫동안 노동조합은 정치 행동으로 나아가기를 자제했다. 한편 사회주의자들은 정치 행동을 하지 않으면 노동자는 힘이 없다고 주장했다. 그리고 이 때문에 양자 사이에 나쁜 감정이 만연하고 심지어 공공연한 적대 행위도 발생했으며 일치된 행동이 전무했다. 그러나 이제 사회주의자들은 노동운동이 임금 인상과 노동시간 단축에 성공했음을 인정하고, 노동조합은 정치 행동이 필요하다고 생각한다. 어느덧 양자는 공동 투쟁으로 가까운 사이가 되었다. 미국에서는 이 친밀한 감정이 증가하고 있다. 사회주의 신문들은 노동자의 주장을 지지하고, 노조는 사회주의자들의 계략에 다시 귀를 기울인다. 모든 노조에 "내부에서 올라온" 사회주의 노동자들이 가세해 있고, 많은 노조 지도자들이 그들의 말을 듣는다. 계급의식이 더 발전한 영국에서는 '노동조합주의'가 '신노동조합주의'로 대체되었는데, 그 주된 목표는 "임금 노동자를 위하여 현존하는 사회구조를 장악한다"에 있다. 이 나라에서는 사회주의자, 노동조합, 기타 노동단체들이 노동자 대표를 하원에 보내기 위해 힘을 합치기 시작했다. 또한 마르세유와 몽소레민의 의회 및 시장이 사회주의자인 프랑스에서는 최근 두 도시에서 큰 파업을 벌인 노조를 지원하는 데에 수천 프랑의 시 기금을 쓰는 안이 투표로 통과되었다.

    수 세기 동안 세계는 보통 사람의 도래를 준비하고 있었다. 그 준비 기간은 사실상 지나갔고, 노동자는 자신과 자신의 욕망을 의식하고서 연대를 향해 확실히 움직이기 시작했다. 노동자는 역사가가 암흑의 봉건 시대뿐 아니라 암흑의 자본주의 시대라고 말할 때가 멀지 않았다고 믿는다. 또한 노동자는 자본주의사회를 고발한 그 소름 끼치는 기소장이 그런 생각을 정당화했다고 굳게 믿는다. 엄청난 부를 쌓았음에도 광범위하고 야만스러운 가난을 허용할 때 자본주의사회는 존재할 권리를 상실한다. 노동자가 노동계급의 문헌을 통해, 시카고에서 일하는 이탈리아인 바지 마무리공의 평균 주급이 1.31달러이고*, 그가 고용되어 일할 수 있는 시간이 연평균 27.85주라는 사실을 알게 될 때, 적자생존의 철학은 계급의식을 지닌 노동자를 진정시키지 못한다. 노동자가 다음의 글을 읽을 때에도 마찬가지다. "이 악취가 풍기는 셋집의 모든 방에 저마다 한두 가족이 살고 있다. 한 방에서 어느 선교사는 천연두를 앓고 있는 남자, 해산을 한 뒤 막 회복하고 있는 그의 아내, 옷을 거의 반만 걸친 채 흙먼지를 뒤집어쓰고 뛰어다니는 아이들을 발견했다. 지하의 한 주방에는 일곱 명이 살고 있는데, 작은 아이의 시신이 한방에 누워 있다. 한 셋방에는 과부와 여섯 자녀가 있고, 그중 두 아이는 성홍열을 앓고 있다. 또 다른 방에는 29세 맏이 밑으로 줄줄이 아홉 형제자매가 함께 살고, 먹고, 잠을 잔다."** 또한 다음의 글을 읽을 때에도 마찬가지다. "평생 노동일

---

* 넬리 메이슨 오튼 양이 〈미국 사회학 저널〉에 제시하고 노동조합과 사회주의 신문이 광범위하게 사용한 수치에서 인용하였다.

을 하다 50세가 된 한 남자가 죽은 아기를 땅에 묻기 위해 푼돈을 구걸해야 하고, 다른 50세의 남자는 딸의 사치스러운 생활에 돈을 대주고 소멸해가는 외국의 귀족계급을 후원하느라 1천만 달러를 쓸 수 있다면, 뭔가 잘못되었다는 생각이 들지 않는가?"*

또한 계급의식으로 무장한 노동자는 부유한 계급에 관한 통계 수치를 읽고, 그들의 수입이 얼마인지, 그들이 어떻게 수입을 올리는지를 안다. 사실, 먼 옛날부터 노동자는 자신의 물질적 궁핍과 지배계급의 물질적 안락을 알고 있었고, 그로 인해 종종 난폭한 행동과 어리석은 반란을 저질러왔다. 그러나 오늘날 역사상 처음으로 사회와 노동자가 모두 진화한 덕분에 그는 가능한 출구를 보기 시작했다. 사회주의의 선전, 즉 소외 계급을 향한 열정적인 복음에 노동자의 귀가 열리고 있다. 그러나 그 복음은 반환점을 가르치지 않는다. 끝까지 가는 길이 출구임을 그는 알고 있으며, 이 점을 염두에 두고 계획을 세운다.

이 계획은 아주 단순하다. 모든 것이 그의 방향으로, 즉 노동자가 사회를 인수할 그날을 향해 움직이고 있다. 트러스트? 아, 천만에. 전율하는 중산층과 소자본가와 달리 노동자는 그 무엇도

** 앤드루 먼스(Andrew Mearns), 《런던 부랑인의 절규(*The Bitter Cry of Outcast London: An inquiry into the condition of the abject poor*)》, 1883.
* 〈사회민주주의 헤럴드〉의 기사. 현재 벌어지고 있는 사건들을 취재한 이런 기사가 여러 노동자 신문에 매주 수백 편씩 실린다.

두려워하지 않는다. 그는 트러스트를 좋아하고, 트러스트에 환호한다. 크게 보자면 그것은 노동자를 위해 자신의 임무를 수행하고 있기 때문이다. 그것은 생산을 사회화한다. 이 과정이 끝나면 그가 할 일은 분배의 사회화를 제외하고 아무것도 남지 않게 되며, 모든 일이 완료된다. 트러스트? "그것은 엄청난 규모의 노동 절약형 산업을 조직하고, 어리석고 낭비가 심한 경쟁을 폐지한다." 그것은 거대한 구체적 실례로 우리의 눈앞에 나타나 노동자의 정치경제학을 그가 직접 설파할 수 있는 것보다 훨씬 더 강력하게 설파한다. 그는 정통 경제학자들의 면전에 대고 경멸적으로 웃으면서 트러스트를 가리킨다. "당신들은 이것이 불가능하다고 말했지." 그는 이렇게 호통을 친다. "보라, 트러스트가 출현했다!"[5]

생산 분야에서의 경쟁이 노동자의 눈앞에서 사라진다. 산업의 지도자들이 생산을 완전히 조직화하고 모든 것이 매끄럽게 돌아갈 때, 그는 경영에 직접 뛰어들어 생산을 운영함으로써 매우 쉽게 이윤을 제거할 것이다. 또한 산업의 지도자들이 유능하다면 공평한 봉급을 받고 계속 기업을 경영할 특권을 부여받을 것이다. 스탠더드오일사(社)가 매년 신고하는 6천만 달러의 배당금은 노동자들에게 분배될 것이다. 거대한 US스틸사(社)도 마찬가지다. 이 회사의 사장은 자신의 일을 아주 잘 알고 있다. 그를 미

---

[5] 40년 전에 위대한 사회주의자 카를 마르크스(Karl Marx)는 사회주의로 이행하기 전 단계에서 트러스트(독점적 기업 형태)가 출현하리라고 예측했지만, 정통 경제학자들은 그를 비웃었다.

국의 제철부 장관으로 임명하자. 그러나 국민의 수가 7천만 남짓하는 국가의 원수는 매년 5만 달러를 받고 일을 하므로, 제철부 장관은 임금이 그 수준으로 삭감될 것을 예상해야 한다. 그리고 노동자는 국가와 도시가 독점하고 있는 기업들의 이윤을 독점할 뿐 아니라, 현재 지배계급이 임대료, 광산, 공장, 모든 형태의 사업으로부터 거둬들이고 있는 막대한 세입도 독점할 것이다.

*

그런데 그와 같은 일들이 예전에도 이루어진 적이 있다는 사실을 모른다면, 이 모든 말은 심지어 노동자에게도 한갓 꿈처럼 들릴 것이다. 그는 18세기의 귀족을 당당하게 가리킨다. 그들은 싸우고 입법하고 정치하고 사회를 지배했지만, 권력을 빼앗기고, 부상하는 부르주아로 대체되었다. 보라, 그런 일이 있었다고 그는 주장한다. 그리고 그런 일이 다시 일어날 테지만, 이번에 권력을 쟁취할 자는 프롤레타리아다. 사회학은 그에게 권력(m-i-g-h-t)이라고 쓰면 '정의(right)'가 된다고 가르쳐왔다. 모든 사회는 계급이 지배했고, 계급은 순전한 힘으로 지배했으며, 순전한 힘으로 전복되었다. 부르주아는 강자였기 때문에 대검 귀족[6]을 끌어내렸고, 프롤레타리아 역시 모든 계급 중 최강자이기 때문에

---

[6] 출생에 의한 혈통 귀족.

부르주아를 끌어내릴 능력과 운명을 쥐고 있다.

그리고 그날, 좋은 일인지 나쁜 일인지는 몰라도 보통 사람은 주인이 될 것이고, 이는 분명 좋은 일이라고 그는 믿는다. 그가 의도하는 바는 인간이 누리는 행복의 총량을 훨씬 크게 늘리는 것이다. 어떤 사람도 최저생계임금으로 일하지 않는다. 이는 인간적인 굴욕이다. 모든 사람에게 일자리가 돌아가고, 노동에 대한 대가가 충분히 지급될 것이다. 빈민 계층은 사라지고, 거지도 사라질 것이다. 또한 경제적 이유로 금욕과 불임을 받아들이고 살아야 하는 수십만 명의 남녀도 사라질 것이다. 모든 사람이 결혼을 하고, 쾌적하고 안락한 거처에서 살고, 하루에 원하는 횟수만큼 먹을 수 있는 음식을 넉넉히 구할 것이다. 음식과 주거지를 얻기 위해 목숨을 걸고 싸우는 일은 이제 없을 것이다. 낡고 무정한 발전 법칙은 폐지될 것이다.

이 모든 것은 대단히 좋고 멋지다. 그런데 이런 일들이 실현되었을 때에는 어떻게 될 것인가? 옛날에는 음식과 주거지를 얻기 위한 투쟁에서 약하고 무능한 자는 그 약함과 무능함 때문에 종족에서 제거되었다. 그러나 이 법칙은 더 이상 통용되지 않을 것이다. 새로운 질서가 도래하면 약자와 약자의 자손도 강자와 강자의 자손과 동등한 생존 기회를 갖게 될 것이다. 그렇게 되면 강함에 얹히던 프리미엄은 철회되고, 그래서 겉으로 보기에 각 세대가 지닌 강함의 평균치는 계속 오르는 대신 하락하기 시작할 것이다.

보통 사람의 날이 왔을 때, 그 시대의 새로운 사회제도는 약함과 무능함을 솎아내지 못할 것이다. 약자와 강자 모두가 동등한 번식 기회를 누릴 것이다. 그리고 강자뿐 아니라 약자까지 모두의 자손이 동등한 생존 기회를 누릴 것이다. 그렇게, 어떤 효과적인 발전 법칙이 새로 작동하지 않는다면, 진보는 분명 중단될 것이다. 사실 진보가 멈추는 데에서 그치지 않고, 열등화가 즉시 시작될 것이다. 이는 중요한 결과를 낳을 수 있는 문제다. 이 새롭고 긴요한 발전 법칙은 어떤 성격의 것일까? 기초가 허물어지는 상황에 이르기 전에 보통 사람이 충분히 오랫동안 숙고하며 해답을 찾을 수 있을까? 그는 부르주아를 끌어내리고 사회를 재건하기로 작정했으므로, 이런저런 의외의 방법으로 강하고 유능한 자에게 프리미엄을 주어 인간의 유형이 계속 발전할 수 있도록 사회를 재건할 수 있을까? 보통 사람 또는 보통 사람과 동맹한 비범한 사람이 그런 법칙을 고안해낼 수 있을까? 혹은 이미 그런 법칙을 고안했을까? 만일 그렇다면 그것은 어떤 법칙일까?

혁명

1910년 출간된 《〈혁명〉과 그 밖의 에세이들
(*Revolution and Other Essays*)》에 수록된 글이다.

평범한 대중은 현재로 충분하다.
그들은 결코 앞을 내다보지 않으며, 실로
흙에 불과하여, 그 위 시대의 발자국들이
영원히 돌처럼 굳어버린다.

일전에 편지 한 통을 받았다. 애리조나에서 온 편지였다. 편지는 "친애하는 동지"로 시작해, "혁명을 위하여"로 끝났다. 나는 답장을 보냈고, 내 편지도 "친애하는 동지"로 시작해 "혁명을 위하여"로 끝났다. 미국에는 "친애하는 동지"로 편지를 시작해 "혁명을 위하여"로 끝내는 사람이 거의 100만 명의 남녀 중 40만 명에 이른다. 독일에는 "친애하는 동지"로 편지를 시작해 "혁명을 위하여"로 끝내는 사람이 300만 명이고, 프랑스에는 100만 명, 오스트리아에는 80만 명, 벨기에에는 30만 명, 이탈리아에는 25만 명, 영국에는 10만 명, 스위스에는 10만 명, 덴마크에는 5만 5천 명, 스웨덴에는 5만 명, 네덜란드에는 4만 명, 스페인에는 3만 명이 있다. 모두 동지이고, 혁명가다.

이 숫자들에 비교하면 나폴레옹과 크세르크세스의 대군은 작아 보인다. 하지만 이 숫자들은 정복과 기존 질서의 유지가 아니라, 정복과 혁명을 나타낸다. 이들은 나팔 소리가 울리면 700만 대군이 되고, 현재의 조건에 맞춰, 온 힘을 다해 이 세계의 부를 정복하고 기존 사회를 뒤엎기 위해 싸우고 있다.

세계 역사상 이와 같은 혁명은 한 번도 없었다. 미국 독립 혁명과 프랑스대혁명도 결코 이와 유사하지 않다. 이 혁명은 유일무이하고, 거대하다. 다른 혁명들을 여기에 비교하는 건 소행성을 태양에 비교하는 꼴이다. 유형상으로도 유일무이하다. 역사를 가득 채우고 있는 많은 혁명과는 달리 최초로 일어나는 세계혁명이며, 더 나아가 세계적인 운동으로 만들기 위해 사람들이 일으키는 최초의 조직적 운동이기 때문이다. 제약은 지구의 경계뿐이다.

이 혁명은 많은 측면에서 다른 모든 혁명과 다르다. 우선 산발적이지 않다. 이 혁명은 대중의 불만족에서 터져 나와 하루 동안 타오르다 하루 만에 사그라지는 한차례의 화염이 아니다. 이 혁명은 현 세대보다 오래되었다. 이 혁명에는 역사와 전통이 있으며, 그 순교자 명부는 아마 기독교의 명부에 버금갈 것이다. 이 혁명은 또한 과거의 어느 혁명에 관한 문헌보다 1만 배나 더 인상적이고 과학적이고 학문적인 문헌을 거느리고 있다.

그들은 스스로를 '동지'라 부르는데, 이는 사회주의혁명의 동지를 의미한다. 이 말은 공허하고 무의미한, 단지 입에 발린 말이 아니다. 이 말은 사람들을 형제로 굳게 결속시킨다. 혁명의 붉은 깃발 아래에 어깨를 나란히 하고 선 사람들은 하나로 굳게 결속되어야 하기 때문이다. 그런데 이 붉은 깃발은 인간의 형제애를 상징하지, 공포에 사로잡힌 부르주아가 깃발을 보고 즉시 연상하는 방화를 상징하지 않는다. 혁명가들의 동지애는 활기차고 따뜻하다. 이 동지애는 지리적 경계를 넘나들고, 인종적 편견을 초월하며, 7월 4일[1]에 날개를 편 독수리가 상징하는 선조들의 미국주의보다 더 강력하다고 입증되었다. 프랑스 사회주의 노동자들과 독일 사회주의 노동자들은 알자스-로렌 분쟁을 기억에서 지우고서, 전쟁이 닥쳐도 노동자계급이자 동지인 그들은 절대 서로에게 총부리를 겨누지 않을 거라 선언하며 결의를 다진다. 불과 얼마 전에도 일본과 러시아가 서로의 목을 조르려고 할 때 일본의 혁명가들은 러시아의 혁명가들에게 다음과 같은 메시지를 보냈다. "친애하는 동지들이여. 최근에 당신의 정부와 우리 정부는 제국주의적 본성을 채우기 위해 전쟁에 뛰어들었습니다. 하지만 우리 사회주의자들에겐 국경, 인종, 국가 또는 국적이 없습니

---

[1] 미국 독립 혁명일.

다. 우리는 동지이자 형제자매이며, 싸울 이유가 전혀 없습니다. 당신들의 적은 일본 민중이 아니라 우리의 군국주의와 이른바 애국주의입니다. 애국주의와 군국주의는 우리 공동의 적입니다."

1905년 1월 미국 전역에서 사회주의자들이 대중 집회를 열어 열심히 투쟁하는 동지들, 즉 러시아 혁명가들에게 공감을 표했으며, 더 중요하게는, 군자금을 모으고 러시아 지도자들에게 전신으로 보냈다. 이렇게 돈을 모았다는 사실, 참가자들의 뜨거운 반응 그리고 모금을 요청한 언어 자체가 이 세계혁명이 국제적으로 연대하고 있음을 뚜렷이, 실질적으로 증명한다.

"현재 러시아에서 일어나고 있는 반란이 당장에는 어떤 결과로 끝나든 간에, 그 나라의 사회주의 이념은 이 반란으로부터 현대의 계급투쟁사를 통틀어 유례 없는 추진력을 얻었습니다. 자유를 위한 그 영웅적인 전투는 러시아 사회주의자들의 총명한 지도 아래 거의 전적으로 러시아 노동자계급에 의해서만 수행되고 있으며, 그럼으로써 계급의식을 가진 노동자들이 현대의 모든 자유화 운동을 주도하는 전위가 되었다는 사실을 다시 한 번 입증하고 있습니다."

여기 조직화되어 있고 국제적이고 범세계적인 혁명운동에 700만의 동지가 참여하고 있다. 여기 가공할 만한 인간의 에너지가 있다. 그 누구도 이를 무시할 수 없다. 여기 힘이 있다. 그리고 여기 낭만이 있고, 이 낭만은 너무 거대하여 평범한 인간의 시야엔 들어오지 않는다. 이 혁명가들은 뜨거운 열정에 따라 움직인다. 그들은 개인의 권리를 날카롭게 지각하고, 인류에 큰 경의를 품고 있으며 죽은 자들의 법칙은 거의 존중하지 않는다. 그들은 죽은 자들에게 지배당하길 거부한다. 부르주아들이 생각하기에 그들이 기성 체제의 지배적 관습을 믿지 않는 것은 매우 놀랍다. 그들은 부르주아사회의 달콤한 이상과 소중한 도덕률을 조롱하며 웃는다. 그들은 부르주아사회를 그 달콤한 이상과 소중한 도덕률과 함께 파괴할 작정이며, 먼저 파괴할 가장 주된 이상과 도덕률은 자본의 사적 소유, 적자생존, 애국주의 같은 표제 아래 묶을 수 있는 것들이다. 그렇다. 애국주의도 포함된다.

그런 혁명군, 700만의 강성 대군은 지배자들과 지배계급으로 하여금 하던 일을 멈추고 숙고하게 만든다. 이 군대는 이렇게 외친다. "협정을 거부한다![2] 우린 너희들이 소유하고 있는 전부를 원한다. 너희들이 소유하고 있는 전부보다 적을 시엔 절대 만족하지 않는다. 권력의 고삐와 인류의 운명을 우리가 쥐길 원한다. 여기 우리의 손이 있다. 이 손은 강인하다. 우리는 너희들의 정부, 너희들의 궁전, 너희들의 화려한 안락을 모두 빼앗을 것이며, 그날이 오면 들판에서 농부들이 일하는 것처럼 또는 너희들의 대도시에서 굶주려 발육 상태가 나쁜 사환이 일하는 것처럼, 이제 너희들도 자신의 빵을 위해 일해야 할 것이다. 여기 우리의 손이 있다. 이 손은 강인하다."

---

[2] 항복을 위한 협정을 말한다.

지배자들과 지배계급은 하던 일을 멈추고 숙고해야 하리라. 이건 혁명이다. 더 나아가 이 700만의 사람은 서류상의 군대가 아니다. 700만은 전장에 투입된 실제 전투력이다. 현재 그들은 전 세계의 문명국가에서 투표를 하고 있다.

어제 그들은 그렇게 강하지 않았다. 내일 훨씬 더 강해질 것이다. 그리고 그들은 투사들이다. 그들은 평화를 사랑한다. 그들은 전쟁을 두려워하지 않는다. 그들의 목적은 오로지 현존하는 자본주의사회를 파괴하고 온 세상을 점유하는 데에 있다. 만일 그 나라의 법이 허락한다면, 그들은 이 목적을 위해 평화롭게 투표함 앞에서 싸운다. 만일 그 나라의 법이 허락하지 않고, 그들에게 가해졌던 힘이 거꾸로 그들 손에 있다면, 그들은 직접 그 힘을 쓴다. 그들은 무력에 무력으로 맞선다. 그들의 손은 강하며, 그들의 마음엔 두려움이 없다. 예로, 러시아에는 참정권이 없다. 정부는 혁명가들을 처형한다. 혁명가들은 정부의 관리들을 살해한다. 혁명가들은 합법적 살인에 암살로 대응한다.

바로 지금 여기에서, 지배자들이 숙고해야 할 특히 중요한 국면이 펼쳐지고 있다. 그 국면을 구체적으로 그려보겠다. 나는 혁명가다. 하지만 나는 아주 멀쩡하고 정상적인 한 인간이다. 나는 러시아의 암살자들을 "나의 동지"라 부르고 그렇게 생각한다. 미국의 모든 동지들이 나와 같고, 전 세계 700만 동지들도 나와 같다. 전 세계에서 뒤를 받쳐주는 동지들이 없다면, 조직적이고 국제적인 혁명운동이 무슨 가치가 있겠는가! 우리가 러시아 동지들의 암살을 뒷받침한다는 사실이 그 가치를 보여준다. 그들은 톨스토이의 제자가 아니고, 우리도 마찬가지다.[3] 우리는 혁명가들이다.

러시아의 동지들은 자칭 '투쟁 조직'을 만들었다. 이 투쟁 조직은 내무장관 시피야긴[4]을 고발하고, 재판하고, 그에게 유죄를 선고하고, 사형을 언도했다. 4월 2일 그는 마린스키 궁전에서 총을 맞고 쓰러졌다. 2년 후 투쟁 조직은 다른 내무장관 폰 플레베[5]에게 사형을 언도하고, 집행했다. 그런 후 투쟁 조직은 1904년 7월 29일 자로 문서를 발행하여, 그들이 폰 플레베를 기소하고 암살했음을 조목조목 설명했다. 그리고 더 중요한 사실로, 이 문서는 전 세계 사회주의자들에게 발송되었고, 그들을 통해 잡지와 신문에 실려 모든 곳에 발표되었다. 요는 세계의 사회주의자들이 두려움 없이 그 일을 했다거나 대담하게 그 일을 했다는 게 아니라, 사무적으로 그 일을 하고서 국제 혁명운동의 공식 문서라 칭할 만한 것을 발행했다는 점이다.

이 일들은 혁명의 흥미로운 부분에 해당하고 흔히 그렇게 인정되지만, 또 한편으로는 명백한 사실들이다. 이 사실들을 지배자들과 지배계급에게 전하면 브라보라는 환호성이 나오진 않겠지

---

[3] 민중주의자인 톨스토이와의 차별성을 강조하고 있다.
[4] 드미트리 세르게예비치 시피야긴(Dmitry Sergeyevich Sipyagin, 1853~1902). 러시아의 정치가.
[5] 브야체슬라프 폰 플레베(Vyacheslav von Plehve, 1846~1904). 제정러시아 경찰국장을 지내다 시피야긴 후임으로 내무장관에 올랐으나, 마찬가지로 사형당했다.

만, 그 목적은 그들을 겁주려는 게 아니라, 그들로 하여금 이 세계 혁명의 정신과 본질을 보다 깊이 숙고하게끔 하려는 데 있다. 혁명이 숙고하라고 다그칠 때가 도래했다. 혁명이 세계의 모든 문명국가를 움켜쥐고 있다. 한 나라가 문명화될수록, 혁명은 그 나라를 빠르게 움켜쥔다. 일본에 기계가 도입되자, 그와 함께 사회주의가 도입되었다. 사회주의는 미군과 어깨를 나란히 하고 필리핀에 진출했다. 쿠바와 푸에르토리코에서는 마지막 총성이 잦아든 순간부터 현지인 출신의 사회주의자들이 출현하고 있었다. 훨씬 더 중요한 사실은, 혁명이 움켜쥔 그 모든 나라 중 단 하나에서도 혁명이 손아귀를 풀지 않았다는 것이다. 오히려 모든 나라에서 혁명의 손아귀는 해가 거듭할수록 굳세어지고 있다. 능동적인 운동으로서 혁명은 한 세대 전쯤 알게 모르게 시작했다. 1867년, 혁명을 지지하는 [사회당] 유권자 수는 전 세계적으로 3만이었다. 이 수가 1871년에는 100만으로 늘어났다. [이 수가 다시 줄어] 1884년까지 50만 표를 넘어서지 못했다. 그러나 1889년 혁명 지지 세력은 100만을 돌파했고, 이미 추진력을 얻은 상태였다. 1892년 세계적으로 사회당 지지표는 179만 8391표였고, 1893년에는 258만 5898표, 1895년에는 303만 3718표, 1898년에는 451만 5591표, 1902년에는 525만 3054표, 1903년에는 628만 5374표, 그리고 우리의 거룩한 해인 1905년[6]에는 700만 표를 넘어섰다.

---

[6] 1차 러시아혁명이 일어난 해.

이 혁명의 화염은 미국도 비켜 가지 않았다. 1888년에 사회당 득표수는 2068표에 불과했다. 1902년 사회당 득표수는 12만 7713명이었다. 그리고 1904년에는 43만 5040명이 사회당에 표를 던졌다. 무엇이 이 화염에 바람 역할을 했을까? 힘든 시절은 아니었다. 20세기의 처음 4년은 번영기로 여겨지지만, 그 시기에 30만이 넘는 사람들이 혁명가 대열에 동참해 부르주아사회에 정면으로 도전하고 피에 젖은 깃발 아래에 섰다. 필자의 주(州)인 캘리포니아에는 혁명가로 서약하고 등록한 12세의 남성이 있다.

한 가지 분명히 이해해야 할 것이 있다. 이건 불만을 품은 비참한 백성이 대규모로 일으키는 자발적이고 막연한 봉기가 절대 아니라는 점이다. 반대로 그 선전 내용은 지적인 것이다. 혁명운동은 경제적 필연에 기초해 있고, 사회적 진화와 맥을 같이한다는 것이다. 반면에 비참한 백성은 반란을 일으킨 적이 없다. 혁명가는 굶주림과 질병에 절어 사회적 구덩이의 밑바닥에서 신음하는 노예가 아니라, 대체로 기운이 넘치고 영양 상태가 좋은 노동자들로, 그와 그의 자식들을 기다리고 있는 아수라장을 똑똑히 보면서 추락하지 않기 위해 한발 뒤로 물러선 사람들이다. 비참한 백성들은 무기력하기만 해서 스스로를 일으켜 세우지 못한다. 그러나 이제는 혁명가의 도움을 받고 있다. 그들이 가세하여 혁명가의 대오가 불어나는 날이 그리 멀지 않았다.

또 하나 분명히 이해해야 할 것이 있다. 중산층과 전문인들도 이 운동에 관심을 보이고 있지만, 그럼에도 이건 틀림없는 노동자계급의 반란이고, 더 나아가 세계적으로 벌어지고 있는 노동자계급의 반란이다. 하나의 계급인 세계 노동자들이 하나의 계급인 세계 자본가들과 싸우고 있다. 이른바 거대한 중산층은 사회적 갈등 속에서 잠시 성장하는 이례적 집단이다. 이는 (교활한 통계 수치는 아니라고 하지만) 사멸하는 계급이고, 자본가계급과 노동자계급을 완충하는 그들의 역사적 임무는 거의 완료되었다. 중산층에겐 세상에서 잊혀 구슬피 우는 것 외에는 거의 어떤 미래도 남아 있지 않은데, 그들의 울음은 민중주의와 제퍼슨식 민주주의의 목소리로 이미 시작되었다. 싸움은 불이 붙었다. 혁명은 지금 여기에 있고, 반란의 주인공은 세계 노동자들이다.

당연히 이런 질문이 떠오른다. 어떻게 이런 일이 발생하는가? 정신의 일시적 변덕으로는 결코 세계혁명이 발생하지 않는다. 변덕은 만장일치에 이바지하지 않는다. 700만의 사람을 한마음으로 만들고, 부르주아의 신들에게 더 이상 충성하지 않고 애국주의 같은 훌륭한 개념을 불신하게 만들려면, 심오한 대의가 있어야 한다. 혁명가들이 자본가계급을 고발할 때 제시하는 기소 조항은 여럿이지만, 지금 이 맥락에서는 하나만 언급할 필요가 있는데, 이는 자본이 대답한 적도, 대답할 수도 없는 조항이다.

자본가계급은 사회를 관리해왔고, 그들의 관리는 실패했다. 아니, 단지 실패만 한 것이 아니라, 비참하고 한심하고 끔찍하게 실패했다. 자본가계급은 세계 역사상 어느 지배계급에게도 허락된 적 없는 기회를 부여받았다. 그들은 봉건귀족의 오랜 지배에서 벗어나 근대사회를 만들었다. 그들은 물질을 지배하고, 생산수단을 조직했으며, 이를 토대로 인류에게 경이로운 시대가 오게 할 수 있었다. 그때가 되면 어떤 인간도 먹을 것이 부족하여 울지 않고, 모든 아이에게 교육의 기회, 지식과 정신을 함양할 기회가 올 수 있었다. 물질을 지배하고 생산수단을 조직했으므로 그 모든 것이 가능했다. 신이 내려준 기회가 왔지만, 자본가계급은 실패했다. 그들은 눈이 멀었고 탐욕스러웠다. 그들은 달콤한 이상과 소중한 도덕률을 읊조리는 동안 단 한 번도 주위를 둘러보지 않았고, 탐욕을 조금도 제어하지 않았으며, 자신이 날려버린 기회를 제외하고는 비교할 대상이 없을 만큼 아주 엄청난 실패를 저지르고는 나락으로 떨어졌다.

그러나 멍한 부르주아에게 이 모든 것은 그저 혼란스럽게 보인다. 부르주아는 과거와 마찬가지로 지금도 눈이 멀어, 보지 못하고 이해하지 못한다. 그렇다면 날카롭고 오해의 우려가 없는 말로 그들을 보다 명확히 고발해보자. 우선 혈거인(穴居人)을 생각해보자. 그는 아주 단순한 존재였다. 머리는 오랑우탄처럼 뒤로 기울었고, 지능도 오랑우탄보다 약간 높았다. 그는 적대적인 환경에서 살았고, 격심한 생존경쟁의 먹잇감이었다. 그는 발명이나 고안을 몰랐다. 식량을 구하는 타고난 능력이 가령 1이었다고 해보자. 그는 심지어 땅을 갈 줄도 몰랐다. 이 타고난 능력 1을 가지고서 그는 사나운 맹수들을 물리치기 위해 싸웠고, 식량과 거주지를 직접 마련했다. 그는 이 모든 것을 해야 했으며, 그러지 않았다면 번식하여 지구 위로 퍼져나가고, 자손을 낳아 세대를 잇고, 마침내 여러분과 내가 되는 일이 없었으리라.

혈거인은 타고난 능력 1을 가지고도 거의 1년 내내 충분한 식량을 구했고, 어떤 혈거인도 항상 굶주리진 않았다. 또한 야외에서 건강하게 살았고, 자유롭게 돌아다니고 휴식을 취했으며, 상상력을 발휘하고 신들을 발명하기에 충분한 시간을 누렸다. 다시 말해 그는 충분한 식량을 구하기 위해 깨어 있는 내내 일을 할 필요가 없었다. 혈거인의 자식에겐(사실 이는 모든 야만족의 자식들에게도 해당된다) 유년 시절이 있었다. 놀이와 발달이 있는 행복한 유년이었다.

그렇다면 현대인은 어떻게 지내고 계신지? 세계에서 가장 번영하고 개화된 나라, 미국을 생각해보자. 미국에는 1천만 명이 가난하게 살고 있다. 여기서 가난이란, 식량 부족과 부적절한 거주지 때문에 표준적인 작업 능률마저도 유지할 수 없는 생활 조건을 말한다. 미국에는 먹을 것이 부족한 1천만 명의 사람이 있다. 미국에서 그 1천만 명의 사람은 먹을 것이 부족한 탓에 체력을 나타내는 보통의 기준 1을 유지하지 못한다. 이는 이 1천만 명의 사람이 먹을 것이 부족하기 때문에 육체와 영혼이 천천히 소멸하고 있고, 죽어가고 있음을 의미한다. 이 광활하고 번영하고 개화한 나라 어디에나 비참하게 살고 있는 남자들, 여자들, 아이들이 있다. 모든 대도시에서 그들은 수십만 명, 수백만 명 단위로 빈민가에 격리되어 살고 있는데, 그들의 빈곤은 불결을 낳는다.

혈거인은 행여 굶주려도 이렇게 만성적으로 굶주리진 않았고, 잠이 부족해도 이렇게 지독히 부족하진 않았고, 시달려도 이렇게까지 불결과 질병에 시달리지 않았고, 고되게 일해도 이렇게까지 고되게 장시간 일을 하진 않았다.

시카고에 사는 한 여자는 주당 60시간의 중노동을 한다. 그녀는 의류 노동자로, 옷에 단추를 달았다. 시카고에 사는 이탈리아계 의류 노동자들 가운데 양재사의 평균 주급은 90센트이고, 다만 그들은 연중 쉬는 주 없이 일한다. 바지 마무리공의 평균 주급은 1.31달러이고, 고용되어 일하는 주(週)는 연평균 27.85주다. 양재사의 평균 연 수입은 37달러이고, 바지 마무리공은 42.41달러다. 그런 임금으로는 자식들에게 유년 시절을 줄 수 없고, 삶은 불결해지고, 온 식구가 굶주리게 된다.

혈거인과 달리 현대인은 일을 하고 싶어도 매번 음식과 거주지를 얻진 못한다. 현대인은 먼저 일을 찾아야 하는데, 종종 허탕을 친다. 이때마다 빈곤은 극심해진다. 이 극심한 빈곤은 매일 신문의 지면을 장식한다. 수많은 예 중 몇 개만 인용해보자.

> 뉴욕 시에 메리 미드란 여성이 살고 있었다. 그녀에겐 한 살 된 메리, 두 살 된 조해나, 네 살 된 앨리스, 이렇게 세 자녀가 있었다. 남편은 일자리를 구하지 못했다. 그들은 굶주렸고 스투번가 160번지에서 퇴거당했다. 메리 미드는 한 살 된 아기 메리를 목 졸라 죽이고, 네 살 된 앨리스를 똑같이 죽였으며, 두 살 된

조해나는 죽이려다 실패했고, 그런 뒤 독약을 마셨다. 남편은 경찰에게 이렇게 말했다. "가난에 찌든 아내가 급기야 제정신을 잃은 겁니다. 일주일 전 우린 스투번 가 160번지에서 쫓겨났습니다. 난 일을 구할 수 없었어요. 심지어 입에 풀칠할 돈조차 벌 수 없었지요. 아기들은 병약하게 자랐습니다. 아내는 거의 항상 울었어요."

구호부는 일자리를 찾는 수만 명의 사람들이 몰려오는 탓에 정상적인 기능을 하지 못한다.

―〈뉴욕 커머셜(New York Commercial)〉, 1905년 1월 11일.

일자리를 구하지 못해 먹을 것을 사지 못한 남성이 한 일간지에 광고를 냈다.

젊은 남성, 좋은 교육, 실직 상태. 의사나 세균학자에게 실험 목적으로 신체에 대한 모든 권리와 소유권을 양도하겠음. 보수를 통보해주기 바람, 사서함 3466호.

―〈이그재미너(Examiner)〉

프랭크 A. 맬린은 수요일 밤 경찰서 본부로 찾아가 자신을 부랑죄로 감금해달라고 요청했다. 그는 아주 오랫동안 구직을 했으나 일자리를 찾지 못했으니 자신은 분명 부랑자라고 말했다.

> 그는 너무 굶어서 어떻게든 음식을 먹어야 했다. 즉결재판소 판사 그레이엄은 그에게 9일간의 구류를 선고했다.
>
> —〈샌프란시스코 이그재미너(San Francisco Examiner)〉

샌프란시스코 포스 가(街) 32번지 소토하우스의 한 방에서 W. G. 로빈스의 시신이 발견되었다. 그는 가스를 켜고 자살했다. 일기장이 함께 발견되었는데, 그중 몇 줄을 골라 소개하고자 한다.

3월 3일. 이곳에선 무언가를 얻을 가망이 없다. 어떻게 해야 할까?
3월 7일. 아직 아무것도 찾지 못했다.
3월 8일. 5센트어치 도넛으로 하루하루 연명하고 있다.
3월 9일. 마지막 남은 25센트 동전이 방세로 사라졌다.
3월 10일. 신이여, 도와주소서. 5센트 동전 몇 닢이 전부다. 일을 구할 수가 없다. 이제 어떻게 될까? 굶주림 또는……? 오늘 밤 마지막 5센트 동전을 썼다. 어떻게 해야 하나? 도둑질을 해야 하나, 구걸을 해야 하나, 죽어야 하나? 쉰 평생을 살면서 단 한 번도 도둑질을 하거나 구걸을 하거나 굶어본 적이 없는데, 이제 그 고비에 이르렀다. 죽음이 유일한 피난처로 보인다.
3월 11일. 하루 종일 아팠고, 오늘 오후에는 열이 끓는 듯하다. 하루 종일, 아니 어제 정오부터 아무것도 먹지 못했다. 머리가 몹시 아프다. 잘 있어라, 모든 이들이여.

최고의 번영을 구가하는 이 땅에서 현대인의 자식들은 어떻게 살고 있을까? 뉴욕 시에서 5만 명의 어린이가 매일 아침 끼니를 거른 채 등교한다. 1월 12일 같은 도시에서, 뉴욕 여성 아동 병원 의사 A. E. 대니얼이 보고한 사례가 급보로 전국에 퍼져나갔다. 18개월 된 아기의 사례로, 아기는 공동주택의 열악한 공장에서 노동을 하며 일주일에 50센트를 벌었다.[7]

> 오늘 아침 브루클린 머틀 가 513번지에서 플러싱애비뉴 경찰서의 매커넌 순경이 굶주림으로 사망한 메리 갤린 부인을 발견했다. 부인은 세간도 없고 얼음장처럼 차가운 방바닥의 누더기 더미 위에 누워 있었고, 4개월 된 수척한 아기가 그녀의 가슴팍에서 울고 있었다. 방의 다른 한쪽에는 아버지 제임스 갤린과 두 살부터 여덟 살에 이르는 세 아이가 온기를 유지하기 위해 한데 모여 웅크리고 있었다. 아이들은 굶주린 동물처럼 경찰관을 바라보았다. 아이들은 아사 직전이었고, 쓸쓸한 집에는 음식의 흔적이 전혀 없었다.
>
> —⟨뉴욕 저널(New York Journal)⟩, 1902년 1월 2일.

미국에서는 직물 공장에서만 8만 명의 어린이가 힘겨운 노동으로 생계를 잇고 있다. 남부에서는 아이들이 열두 시간 교대로

---

[7] 갓난아기가 노동을 하고 임금을 받은 예로, 노동 착취가 극에 달하던 19세기 영국에서 어머니들의 졸음을 쫓기 위해 갓난아기를 울리고 아기에게 임금을 지불했다는 기록이 남아 있다.

일한다. 그 아이들은 해를 보지 못한다. 야간 근무조 아이들은 태양이 온 세상에 생명력과 온기를 뿌려줄 때 잠을 자고, 주간 근무조 아이들은 동트기 전에 기계 앞으로 갔다가 어두워진 후 '집'이라 불리는 초라한 우리로 돌아간다. 많은 아이들이 하루에 10센트도 못 받고, 심지어 아기들이 하루에 5센트에서 6센트를 받고 일을 한다. 야간 근무조로 일하는 아이들은 졸음을 쫓기 위해 종종 얼굴에 찬물을 끼얹는다. 야간 근무조에서 장하게도 11개월을 넘긴 6세 아동들도 있다. 아이들이 병에 걸려 침대에서 일어나지 못할 때 말을 타고 이집 저집을 다니며 아이들을 어르고 달래 일터로 보내도록 고용된 남자들이 있다. 아이들 10%는 폐병에 걸려 있다. 모든 아이가 발육이 부진하고, 몸과 마음이 수척하고 일그러져 있고 왜소하다. 엘버트 허버드[8]는 남부의 방직공장에서 일하는 어린 노동자들에 대해 이렇게 말한다.

어린 노동자 한 명을 들어 체중을 확인해보고 싶은 생각이 들었다. 그때 뼈와 가죽만 남은 15킬로그램의 몸에 한차례 공포의 전율이 흘렀고, 아이는 힘겹게 몸을 기울여 끊어진 실을 묶었다. 나는 아이의 몸을 살짝 건드려 주의를 끈 뒤 10센트 동전을 주었다. 아이는 말없이 나를 쳐다보았다. 60세 노인에게 있을

---

[8] 엘버트 그린 허버드(Elbert Green Hubbard, 1856~1915). 미국의 작가, 출판업자, 예술가, 철학자.

법한, 주름지고 아주 고통스러워하는 잔뜩 찡그린 얼굴이었다. 아이는 돈을 향해 손을 내밀지 않았다. 그게 무엇인지 몰랐던 것이다. 이 공장에만 그런 아이들이 수십 명 있었다. 동행한 의사는, 아이들은 2년 내에 모두 죽을 테고 그러면 다른 아이들이 그 자리를 채울 거라고 말했다. 아이들은 얼마든지 있었다. 대부분의 아이들은 폐렴으로 죽어나간다. 아이들의 몸은 병에 걸리기에 안성맞춤이며, 한번 걸리면 다시 일어나지 못하고 차갑게 식는다. 약은 듣지도 않는다. 천운이 다하여 채찍으로 뭇매를 맞고 꺾여버리면, 아이는 혼수상태에 빠지고 죽음에 이른다.

현대인과 현대인의 아이들은 지상의 모든 나라 중 가장 번영하고 개화한 미국에서 이렇게 살아간다. 위에 열거한 사례들은 단지 사례임을 우리는 기억해야 한다. 또한 미국이 그렇다면 문명 세계 전체가 그렇다는 것을 기억해야 한다. 혈거인은 그런 빈곤을 겪지 않았다. 그렇다면 그동안 무슨 일이 일어났을까? 식량과 주거지를 얻는 혈거인의 타고난 능력 1이 현대인에 이르러 2분의 1 또는 4분의 1로 줄어든 것일까?

그와 정반대로 혈거인의 적대적인 환경은 말끔히 소멸되었다. 현대인에게 그런 환경은 이제 존재하지 않는다. 모든 육식동물, 지금보다 젊었던 세계에 산재하던 일상의 위협은 깨끗이 제거되었다. 많은 초식동물이 멸종했다. 세계의 고립된 지역 여기저기에 아직도 사나운 인간의 적들이 남아 있지만, 인류에게 전혀 위협이 되지 않는다. 오히려 현대인은 휴식과 변화를 원할 때 세계의 격리된 지역으로 가서 사냥을 한다. 또한 할 일이 없을 땐 '큰 사냥감'의 소멸에 애도의 눈물을 흘린다. 멀지 않은 미래에 그들이 지구상에서 사라지리라는 것을 아는 까닭이다.

또한 혈거인의 시대 이래로 식량과 주거지를 얻는 인간의 능력이 감소하기는커녕, 오히려 1천 배는 증가했다. 인간은 물질의 비밀들을 밝혀냈고, 그 법칙들을 정립했다. 훌륭한 고안물들이 만들어졌고, 경이로운 발명품들이 세상에 나왔으며, 이 모두가 식량 및 주거지 획득, 농사, 채굴, 제작, 운송, 통신 분야에서 인간의 타고난 능력을 끌어올리는 쪽으로 작용한다.

혈거인에서 3세대 전의 수공업자에 이르기까지 식량 및 주거지를 얻는 능력은 크게 증가했다. 그러나 오늘날 기계 덕분에 3세대 이전 수공업자의 능력은 다시 여러 갑절 증가했다. 과거에는 100톤의 광석을 화차에 싣는 데 200시간의 인간 노동력이 필요했다. 오늘날에는 기계 덕분에 같은 일을 하는 데 두 시간의 인간 노동력이 소요된다. 아래의 표는 미국 노동청이 발표한 것으로, 식량 및 주거지를 획득하는 인간 능력이 비교적 최근에 크게 상승했음을 보여준다.

	기계 소요 시간	인력 소요 시간
보리(100부셸[9])	9	211
옥수수(50부셸, 껍질, 줄기, 잎을 제거한 사료 형태)	34	228
귀리(160부셸)	28	265
밀(50부셸)	7	160
광석 적재(화차에 100톤의 철광석 적재)	2	200
석탄 하역(짐배에서 200톤을 내려 120미터 거리의 적치장에 옮기기)	20	240
건초용 포크(살들의 길이 30센티미터)	12	200
쟁기(한 면 지측판 쟁기, 참나무 쟁깃슬과 손잡이)	3	118

동 관청에 따르면, 조직적인 농사에 가장 좋은 조건 아래에서, 인간 노동력은 20부셸의 밀을 66센트에, 즉 1부셸당 3.5센트의 비용으로 생산할 수 있다고 한다. 캘리포니아에 있던 4천 제곱미터 넓이의 비옥한 농장에서는 그렇게 생산했고, 그 농장의 전체 생산량도 평균적으로 그 정도 비용이 들었다. 캐럴 D. 라이트[10]에 따르면, 오늘날 450만 명의 인간이 기계의 도움으로 생산하는 양은 4000만 명의 인간 노동력이 있어야 생산할 수 있는 양과 맞먹는다고 한다. 오스트리아의 헤어초크 교수에 따르면, 현대의 기계가 있을 때 500만 명의 인간이 사회적으로 유용한 노동에 고용

---

9 1부셸은 약 27kg.
10 캐럴 데이비슨 라이트(Carroll Davidson Wright, 1840~1909). 미국의 통계학자.

되면 하루에 1.5시간 일을 하고도 모든 생필품과 작은 사치품을 공급하여 2000만 명의 인구를 부양할 수 있다고 한다.

이렇다면, 즉 물질이 정복되고, 식량 및 주거지를 획득하는 인간의 능력이 혈거인에 비해 1천 배나 증가했다면, 왜 수백만의 현대인이 혈거인보다 더 비참하게 사는 것일까? 이는 혁명가가 던지는 질문이며, 혁명가는 이 질문을 지배계급, 자본가계급에게 던진다. 자본가계급은 이에 대답하지 않는다. 자본가계급은 대답할 수가 없다.

식량 및 주거지를 얻는 현대인의 능력이 혈거인에 비해 1천 배나 증가했다면, 왜 오늘날 미국에서 1000만에 달하는 사람들이 부적절한 주거지와 음식으로 고생을 할까? 혈거인의 아이가 일을 하지 않아도 되었다면, 왜 오늘날 미국에서는 직물 공장에서만 8만 명의 아이들이 생계를 위해 일을 하고 있을까? 혈거인의 아이가 일을 할 필요가 없었다면, 왜 오늘날 미국에는 175만 2187명의 아동노동자가 존재할까?

이는 마땅히 고발장에 적혀야 할 조항이다. 자본가계급은 관리를 잘못해왔고, 지금도 잘못하고 있다. 뉴욕 시에서는 5만 명의 어린이가 아침을 거른 채 학교에 가는 반면, 1320명의 백만장자가 있다. 그러나 나의 요점은, 대다수의 인간이 비참한 까닭이 자본가계급이 부를 독점한 데 있다는 게 아니다. 절대 그렇지 않다. 진정한 요점은, 대다수의 인간이 비참한 까닭은 자본가계급이 차지한 부의 결핍이 아니라, **결코 창출되지 않은 부의 결핍**에 있다는 것이다. 이 부가 창출되지 않은 까닭은 자본가계급이 너무 낭비적이고 비합리적으로 관리를 하고 있기 때문이다. 자본가계급은 눈이 먼 데다 미친 듯이 탐욕스러워 사회를 최상으로 관리하기는커녕 최악으로 관리해왔다. 그들의 관리는 놀라우리만치 낭비적이다. 이 요점은 100만 번 강조해도 부족하다.

현대인이 혈거인보다 비참하게 산다는 사실, 그리고 식량 및 주거지를 획득하는 현대인의 능력이 혈거인보다 1천 배 뛰어나다는 사실 앞에서, 그 관리가 놀라우리만치 낭비적이라는 것 외에는 어떤 해답도 나올 수가 없다.

전 세계의 천연자원과 이미 발명된 기계들이 있으므로, 생산과 분배를 합리적으로 조직하고, 똑같이 합리적으로 낭비를 제거한다면, 숙련 노동자들이 하루에 두세 시간만 일해도 모든 사람을 먹이고 입히고 재우고 교육할 수 있으며, 상당한 양의 작은 사치품까지 공급할 수 있다. 더 이상 물질적으로 궁핍하거나 비참한 삶이 없을 테고, 더 이상 아이들이 생계를 위해 고된 노동을 하지 않을 테고, 더 이상 남자와 여자와 아기가 짐승처럼 살다 짐승처럼 죽는 일도 없을 것이다. 물질이 정복될 것이고, 기계도 정복될 것이다. 그런 날이 오면 노동의 동기는 식욕에 머물러 있는 오늘날의 동기보다 더 훌륭하고 고상해질 것이다. 어떤 어른이나 아이도 허기진 배 때문에 억지로 움직이지 않을 것이다. 정반대로, 아이는 철자 맞추기가 요구하는 대로 움직이고, 소년 소녀는 게임을 하고, 과학자는 법칙을 공식화하고, 발명가는 법칙을 적용하고, 화가는 캔버스에 그림을 그리고, 조각가는 찰흙을 빚고, 시인과 정치가는 노래와 치국으로 인간에게 봉사할 것이다. 그런 사회적 조건 위에서는 당연히 엄청난 정신적·지적·예술적 고양이 이루어질 것이다. 인간 세계 전체가 강력한 파동을 일으키며 위로 솟아오를 것이다.

이는 원래 자본가계급에게 허락된 기회였다. 그들이 조금만 앞을 보고, 덜 탐욕스럽게, 합리적으로 관리했다면 그것으로 족했으리라. 인류에게 멋진 시대가 올 수 있었다. 하지만 자본가계급은 실패했다. 그들은 문명의 아수라장을 만들었다. 자본가계급은 항변을 할 수도 없다. 그들은 그 기회를 알고 있었다. 현명한 자들이 그에 대해 얘기했고, 학자들과 과학자들도 그에 대해 얘기했다. 그들의 모든 말이 오늘날 책 속에 적혀 있고, 그 말에 어긋나는 저주받을 증거도 그만큼 적혀 있다. 그들은 귀를 열지 않았다. 그들은 너무 탐욕스러웠다. 우리의 입법기관에서 그들은 뻔뻔스럽게 일어나(요즘도 마찬가지다), 아동노동과 유아 노동이 없다면 도저히 이윤을 낼 수 없다고 선언했다. 그들은 달콤한 이상과 소중한 도덕률을 읊조리면서 양심을 잠재웠고, 인류의 고통과 불행을 지속시키고 증가하게 했다. 간단히 말해 자본가계급은 기회를 살리지 못했다.

그러나 기회는 아직 우리 곁에 있다. 자본가계급은 재판을 받았고, 역량 미달로 드러났다. 이제 노동자계급이 그 기회로 무엇을 할 수 있는지를 봐야 한다. "하지만 노동자계급은 무능력하다." 자본가계급은 말한다. "그대들이 우리에 대하여 무엇을 아는가?" 노동자계급은 응답한다. "그대들이 실패했다고 해서 우리까지 실패할 이유는 없다. 게다가 우리는 어찌 됐든 시도는 해볼 것이다. 700만 명의 사람들이 그렇게 말한다. 그러니 그에 대해 무슨 할 말이 있는가?"

자본가계급이 무슨 말을 할 수 있을까? 노동자계급이 무능력하다고 가정해보자. 혁명가들의 고발과 주장이 완전히 틀렸다고 가정해보자. 그래도 700만의 혁명가가 남아 있다. 그들의 존재는 기정사실이다. 스스로의 능력에 대한 믿음, 자신들의 고발과 주장에 대한 믿음은 기정사실이다. 그들의 지속적인 증가는 기정사실이다. 현 사회를 파괴하겠다는 그들의 의지는 기정사실이고, 세계를 점유하고 그 부와 기계와 정부를 접수하겠다는 그들의 의지는 기정사실이다. 게다가 노동자계급이 자본가계급보다 월등히 다수라는 것도 기정사실이다.

이 혁명은 노동자계급의 혁명이다. 소수인 자본가계급이 어떻게 이 밀물 같은 혁명을 저지할 수 있을까? 그들은 어떤 대책을 내놓아야 할까? 어떤 대책을 내놓고 있는가? 고용주 협회, 법원의 명령, 노동조합의 기금을 약탈하기 위한 민사소송, 오픈숍[11]을 합법화하려는 아우성과 단체 행동, 여덟 시간 노동을 막으려는 격렬하고 뻔뻔스러운 행동, 모든 개혁을 무력화하려는 필사의

---

11 노동조합에 가입하지 않은 노동자도 고용하는 사업장 및 기업.

노력, 아동노동 법안, 모든 시의회에서의 뇌물 살포, 자본주의적 입법, 총검, 기관총, 정치인 클럽, 전문 구사대, 무장한 사립 탐정 등을 위해 입법을 할 때마다 벌이는 강력한 로비와 뇌물 수수 행위. 이 모두가 자본가계급이 밀물 같은 혁명을 막기 위해 쌓아 올리고 있는 대책들이다. 마치 그 물살을 정말로 막아보겠다는 듯.

자본가계급은 과거에 신이 내린 기회를 보지 못했듯, 지금은 혁명의 위협을 보지 못하고 있다. 그들은 자신의 입지가 얼마나 불안정한지를 보지 못하고, 혁명의 힘과 징조를 이해하지 못하고 있다. 그들은 달콤한 이상과 소중한 도덕률을 읊조리고, 물질적 이득을 위해 야비하게 다투는 등 안이한 방식을 고집하고 있다.

과거에 전복된 어떤 지도자나 계급도 자신을 전복한 혁명에 대해 깊이 숙고한 적이 없었고, 오늘날 자본가계급도 마찬가지다. 화해하는 대신 그리고 노동자계급을 보다 모질게 억압하는 요인들을 제거하여 수명을 연장하는 대신, 그들은 노동자계급을 적으로 돌리고, 혁명으로 몰아넣는다. 최근에 파업을 진압할 때마다, 법을 이용해 모든 노조 기금을 강탈할 때마다, 클로즈드숍[12]을 오픈숍으로 바꿀 때마다 노동자계급의 사람들은 깊은 상처를 입고 수백 수천 명씩 사회주의로 넘어갔다. 노동자에게 그의 노조가 깨지는 것을 보여줘라. 그는 혁명가가 된다. 법원 명령으로 파업을 해산하거나 민사소송으로 노조를 파산시켜라. 상처를 입

---

[12] 노동자를 고용할 때, 노동조합원임을 고용 조건으로 내세우는 제도.

은 노동자는 사회주의자의 설득에 귀를 기울이고 영원히 **자본주의** 정당들에 등을 돌린다.

적대 행위는 결코 혁명을 잠재우지 못했지만, 자본가계급이 내놓을 수 있는 방책은 적대 행위가 거의 전부다. 사실 그들은 과거에 아주 잘 들었던 몇몇 구닥다리 개념들을 내놓지만, 지금은 어느 하나도 듣지 않는다. 독립선언문과 프랑스 백과사전 학자들이 말하는 7월 4일은 이제 그 적절성을 거의 상실했다. 그 정신은 경찰의 곤봉에 맞아 머리가 깨지거나, 노조 기금이 법원 판결에 의해 파산하는 것을 보거나, 노동력을 절감하는 새 기계 때문에 일자리를 빼앗긴 노동자에게는 호소력이 없다. 미합중국 헌법도 유치장을 경험했거나 콜로라도에서 위헌적으로 추방당해본 노동자에게는 영광스럽거나 입헌적으로 보이지 않는다. 노동자의 마음에 새겨진 구체적인 상처는 각종 신문에서 유치장과 추방이 둘 다 굉장히 정당하고 합법적이고 합헌적이라 떠들어도 달래지지 않는다. "헌법 따위는 개나 줘버려!" 그는 이렇게 말한다. 혁명가가 한 명 더 탄생한다. 모태는 자본가계급이다.

간단히 말해 자본가계급은 눈이 완전히 먼 탓에 수명을 연장할 수 있는 방도를 전혀 취하지 않고, 오히려 수명을 단축하는 온갖 일에 몰두한다. 자본가계급은 깨끗하고 고상하고 생기 있는 것은 하나도 내놓지 않는다. 혁명가들은 깨끗하고 고상하고 생기 있는 모든 것을 내놓는다. 혁명가들은 봉사, 이타주의, 희생, 순교를 제시한다. 이 모두는 선을 향한 충동에서 샘솟고 기본적으로 종교적 색채를 띠는 열정으로 심장을 건드려 인간의 상상력을 일깨운다.

하지만 혁명가들은 탄력적이다. 그들은 사실과 통계, 경제학과 과학적 주장을 내놓는다. 노동자가 단지 이기적인 수준이라면, 혁명가들은 그의 조건이 혁명으로 더 좋아지리라는 것을 그에게 보여주고, 수학적으로 증명한다. 노동자가 수준이 높아 정의로운 행동에 이끌린다면 그리고 그에게 영혼과 기백이 있다면, 혁명가들은 그에게 영적이고 정신적인 것들, 달러와 센트로는 측량할 수 없고 억누를 수도 없는 굉장한 것들을 내놓는다. 혁명가는 부정과 불의를 큰 소리로 폭로하고, 정의를 설파한다. 그리고 무엇보다 그는 인간의 자유를 찬양하는 영원한 노래를 부른다. 그의 노래는 모든 나라, 모든 언어, 모든 시대를 아우른다.

자본가계급은 거의 누구도 혁명을 보지 못한다. 대부분이 너무 무지하고, 다수는 너무 두려워서 혁명을 보지 못한다. 세계 역사를 펼치면 소멸해가는 모든 지배계급이 이와 똑같은 이야기를 들려준다. 권력과 소유로 뚱뚱해지고, 성공에 취해버렸고, 과식과 휴전으로 나약해진 그들의 모습은 꿀단지 주위로 몰려든 수벌 무리와 똑같다. 이때 노동자 벌들이 위에서 덮쳐 그들의 토실토실한 삶을 끝장낸다.

루스벨트 대통령은 혁명을 어렴풋이 보고, 두려움을 느끼고 애써 눈길을 돌린다. 그는 이렇게 말한다. "무엇보다 우리는 정치 분야에 어떤 계급 증오가 자리를 잡는다면, 이는 부문별, 인종적, 종교적 증오보다 훨씬 더 악하고 국민 복지에 훨씬 더 치명적이라는 점을 명심할 필요가 있다."

정치에서 계급 증오는 악하다고 루스벨트 대통령은 주장한다. 그러나 정치에서의 계급 증오는 혁명가들이 설교하는 내용이다. 혁명가들은 말한다. "산업 사회에서 계급 전쟁을 지속시키되 계급 전쟁을 정치 분야로 확대시켜라." 혁명의 지도자 유진 V. 뎁스[13]는 말한다. "이 투쟁에 선한 자본가와 악한 노동자는 존재하지 않는다. 모든 자본가가 당신의 적이고, 모든 노동자가 당신의 친구다."

여기 정치 분야에 복수를 벼르는 계급 증오가 있다. 그리고 여기 혁명이 있다. 1888년 미국에는 이런 유의 혁명가가 2천 명에 불과했지만, 1990년에는 12만 7천 명으로, 1904년에는 43만 5천 명으로 늘었다. 루스벨트 대통령의 사악한 정의는 미국에서 번성하고 강해진다. 물론 그렇지만, 이는 혁명이 번성하고 강해지기 때문이다.

곳곳에서 자본가들은 혁명을 똑똑히 목격하고, 경고의 목소리를 높인다. 그러나 그의 계급은 들은 체 만 체한다. 하버드 총장 엘리엇 교수[14]는 이렇게 외쳤다. "미국은, 과거에는 그렇게 위

---

[13] 유진 빅터 진 뎁스(Eugene Victor 'Gene' Debs, 1855~1926). 미국의 노동운동가. 세계 산업노동자 동맹의 창립 회원이었으며, 아메리카 사회당의 대통령 후보를 여러 번 지냈다.
[14] 찰스 윌리엄 엘리엇(Charles William Eliot, 1834~1926). 미국의 학자. 1869년부터 1909년까지 하버드 대학 총장을 지냈다.

험한 형태로 그렇게 긴박하게 부상한 적이 없는 사회주의의 위험에 직면해 있다고 나는 확신한다. 과거에는 그런 위험이 그렇게 잘 조직된 형태로 긴박하게 부상한 적이 없었기 때문이다. 사회주의자들이 노동조합의 지배권을 쥐면 정말로 위험해진다." 하지만 자본가 고용주들은 그런 경고에 주의를 기울이는 대신 구사대를 완벽하게 조직하고, 노동조합에게 무엇보다 소중한 클로즈드숍에 전면 공격을 퍼부으려고 그 어느 때보다 똘똘 뭉치고 있다. 이 공격이 성공한다면 바로 그만큼 자본가계급은 수명이 줄어들 것이다. 이는 수없이 되풀이된 아주 오래된 이야기다. 술에 취한 수벌들은 여전히 꿀단지 주위에서 탐욕스럽게 윙윙거린다.

아마 오늘날 가장 재미있는 광경 중 하나는 혁명에 대한 미국 언론의 태도일 것이다. 그 광경은 애처롭기도 하다. 그걸 지켜보는 사람은 인류에 대한 자부심이 확연히 쓸려나가는 것을 깨닫게 된다. 무지한 입에서 나오는 독단적인 발언에 신들은 웃지만, 사람들은 눈물을 흘리게 된다. 그리고 미국의 편집자들은(일반적인 경우에) 그 점에서 대단히 인상적이다! 그들은 "분리", "인간은 자유롭고 평등하게 태어나지 않는다" 같은 낡은 명제들이 인간의 지혜라는 용광로에 나온 뜨끈뜨끈한 신제품인 양 현자처럼 근엄하게 선포한다. 그들의 부실한 허풍은 혁명의 성질에 대해 고작 초등학생 수준으로 이해하고 있음을 드러낸다. 자본가계급에 기생하고, 여론을 주물러 그들에게 봉사하면서 그들 역시 꿀단지 주위에서 취해 윙윙거린다.

물론 이는 대다수의 편집자들에게만 해당한다. 모든 편집자가 그렇다고 말한다면 인류를 과도하게 비방하는 셈이다. 그리고 옳은 얘기도 아니다. 여기저기에서 이따금씩 편집자들이 혁명을 명확히 보기 때문인데, 그런 경우 동기는 식욕이고, 대개는 자신의 생각을 말로 꺼내길 두려워한다. 혁명의 과학과 사회학으로 말하자면, 일반적인 편집자는 객관적 사실들로부터 1세대가량 뒤처져 있다. 그는 지적으로 나태하고, 과반수가 인정할 때까지 어떤 사실도 인정하지 않으며, 자신의 보수성에 자부심을 느낀다. 그는 본능적으로 낙천주의자이며, 존재해야 할 것이 존재하고 있다고 믿는 경향이 있다. 혁명가는 오래전에 그런 믿음을 포기했고, 존재하는 것이 존재하고 있을 뿐이며, 그건 존재해야 할 것이 결코 아닐 수 있다고 믿는다.

때때로 편집자는 눈을 크게 뜨고, 열정적으로 갑자기 혁명을 포착하고는 순진한 수다를 퍼붓는다. 예를 들어 한 편집자는 〈시카고 크로니클(Chicago Chronicle)〉에 다음의 글을 썼다. "미국 사회주의자들은 혁명가들이다. 그리고 자신들이 혁명가라고 생각한다. 다른 사람들도 그 사실을 인정해야 할 때가 되었다." 참으로 새롭고 따끈따끈한 발견이 아닐 수 없다. 그는 계속해서, 우리가 정말 혁명가라고 지붕 꼭대기에서 외친다. 그런데 지붕 꼭대기에서 우리가 혁명가라고 외치는 건 우리가 수년 동안 내내 해오고 있는 일이다. 누가 우릴 말리랴.

"혁명은 잔혹합니다. 선생, 혁명이란 건 없소." 이런 정신 자세는 지난 시대로 흘려보내야 한다. 이와 마찬가지로, "사회주의는 노예제입니다. 선생, 결코 도래하지 않아요."라는 익숙한 자세도 뒤로 흘려보내야 한다. 혁명은 이제 변증법, 이론, 꿈의 문제가 아니다. 혁명에는 질문이 필요 없다. 혁명은 기정사실이다. 혁명은 지금 여기에 있다. 조직화되어 밤낮으로 뛰는 700만의 혁명가들이 혁명을 설파하고 있다. 그 열정적인 복음, 인류의 형제애를 들어보라. 이는 냉철한 경제적 선전일 뿐 아니라, 본질적으로 바울과 그리스도의 열정이 깃든 종교적 선전이다. 자본가계급은 기소되었다. 그들은 관리를 잘못했으니, 관리의 권한을 빼앗겨 마땅하다. 700만 노동자계급이 말한다. 우리는 다른 노동자들을 합류시켜 그 관리권을 빼앗을 거라고. 혁명은 지금 여기에 있다. 누가 혁명을 말리랴.

1905년 3월,

새크라멘토 강[15]에서.

---

15 미국 캘리포니아 주를 흐르는 강.

나에게 삶이란 무엇인가

1906년 3월 〈코스모폴리탄 매거진(Cosmopolitan Magazine)〉에 실린 글로,
《〈혁명〉과 그 밖의 에세이들》에 수록됐다.

나는 노동자계급으로 태어났다. 나는 열의, 야망, 이상을 일찍 발견했고, 이를 충족하는 일이 유년기부터 문제가 되었다. 환경은 거칠고 고되고 부당했다. 시선은 앞이 아니라 위를 향해야 했다. 사회적 위치가 바닥이었으므로. 이곳에서의 삶은 육체와 정신을 함께 야비하고 비참한 상태로 몰아넣었다. 이곳에선 육체와 정신이 똑같이 굶주리고 고통을 겪었다.

내 위로 사회라는 거대한 구조물이 우뚝 솟아 있었고, 내 생각에 거길 빠져나올 수 있는 유일한 방도는 위로 오르는 것뿐이었다. 이 구조물 안으로 들어가 기어오르리라고 나는 아직 이른 나이에 결심했다. 위에서 남자들은 검은 양복과 풀 먹인 셔츠를 입었고, 여자들은 아름다운 드레스를 입었다. 또한 좋은 음식이 있었고, 풍족했다. 이렇게 육체적으로 풍요로운 데다 정신적으로 풍유한 것들도 있었다. 저 위에는 내가 알기에, 욕심 없는 정신, 깨끗하고 숭고한 생각, 명민한 지적 활동이 있었다. 이 모든 것을 알게 된 건 '시사이드 라이브러리(Seaside Library)'[1] 소설들을 통해서였다. 거기에선 악한들과 모험가들을 제외하고 모든 남녀가 아름답게 생각하고, 아름다운 말을 쓰고, 명예롭게 행동했다. 요컨대 나는 해가 솟아오른다는 사실을 인정한 것처럼 훌륭하고 고상하고 우아한 것, 인생을 품위 있고 존엄하게 만드는 것, 인생을 살 만하게 해주고 고생과 고통을 보상해주는 것은 모두 저 위에 있다는 사실을 인정했다.

하지만 노동자계급에 속한 사람이 위로 기어오르기는 매우 어렵고, 이상과 착각을 품고 있어 불리한 입장이 되었을 땐 특히나 힘들다. 나는 캘리포니아의 목장에서 살았기 때문에 딛고 오를 사다리를 찾기도 어려웠다. 나는 일찍부터 투자한 돈에 대한 이자율을 따졌고, 여물지 않은 뇌로 인간의 그 놀라운 발명품의 장점과 미덕을 어렵사리 이해했다. 그런 다음엔 모든 연령대의 노동자에게 지급되는 임금의 시세와 생활비를 확인했다. 이 모든 자료에 근거해 나는 지금 당장 사회에 나가 일을 하고 돈을 모으면, 쉰 살이 되었을 땐 일을 그만두고 이 사회의 보다 높은 곳에, 그때쯤이면 나를 향해 열려 있을 즐겁고 친절한 세계에 당당히 입성할 수 있으리라 결론지었다. 물론 나는 절대 결혼하지 않겠

---

1 19세기 작품 2500여 종을 포함한 총서로. 조지 먼로가 저가의 시리즈로 출간했다.

다고 굳게 결심했고, 반면에 노동자계급의 세계에서 머리 위로 굴러떨어지는 재난은 미처 고려하지 못했다. 그것은 바로 질병이었다.

하지만 내가 꿈꾸는 삶은 아끼고 그러모으는 빈약한 방식에 만족하지 않았다. 또한 열 살의 나이에 도시의 거리를 누비는 신문팔이가 되고서, 저도 모르게 위를 바라보는 눈에 변화가 생겼다. 주변에는 여전히 똑같은 야비함과 비참함이 가득했고, 위에서는 여전히 똑같은 낙원이 나를 향해 손짓하고 있었지만, 거기에 오를 사다리가 달라진 것이다. 이제 그 사다리는 사업이었다. 신문 두 부를 5센트에 산 뒤 발품을 조금만 팔고 10센트에 팔면 내 자본을 두 배로 불릴 수 있으니, 이렇게 번 돈을 모아 정부 채권에 투자하면 어떨까? 사업이란 사다리는 나를 위한 사다리였고, 눈앞에 어른거리는 환상 속에서 나는 머리가 벗어진 성공한 사업의 황태자가 되고 있었다.

슬프도다, 환상이여! 열여섯 살에 나는 이미 '황태자'란 칭호를 얻고 있었다. 하지만 나에게 이 이름을 부여한 건 흉악한 살인자들과 도적들의 집단이었고, 그들 사이에서 나는 "굴을 약탈하는 해적들[2]의 황태자"로 불렸다. 그리고 이미 사업이란 사다리의 첫 가로장에 올라서 있었다. 나는 자본가였다. 나는 배 한 척과

---

[2] 19세기 말 굴 생산업자들이 공급을 독점하자, 밤에 샌프란시스코 만에 출몰하여 굴을 약탈한 뒤 싼값에 팔았던 사람들을 말한다.

굴 약탈에 필요한 모든 장비를 소유하고 있었다. 그리고 다른 인간들을 착취하기 시작했다. 내가 부린 선원은 한 명이었다. 나는 선장이자 선주로서 전리품의 3분의 2를 차지했고, 선원은 나처럼 자유와 목숨을 걸고 열심히 일했지만, 3분의 1을 가졌다.

이 하나의 가로장이 사업의 사닥다리에서 내가 오른 최고 높이였다. 어느 날 밤 나는 중국인 어부들의 어장을 습격하러 나갔다. 밧줄과 그물을 걷어 오면 수 달러 수 센트를 챙길 수 있었다. 나도 인정하듯 그건 강도 행위였지만, 그게 바로 자본주의의 정신이기도 했다. 자본가는 뇌물을 먹이거나 신뢰를 저버리거나 상원의원과 대법원 판사를 매수하는 방법으로 다른 인간의 소유물을 빼앗는다. 나는 단지 투박했을 뿐이고, 그게 유일한 차이였다. 내 방법은 총이었다.

그러나 그날 밤 나의 선원은 자본가의 입장에서 수시로 호통을 칠 수밖에 없는 무능력자였다. 정말이지 그런 무능력자는 비용을 높이거나 배당금을 낮추는데, 나의 선원은 이 둘을 동시에 했다. 그는 부주의로 불을 내 큰 돛을 완전히 망가뜨렸다. 그날 밤은 배당할 게 전혀 없었고, 중국인 어부들은 우리가 훔쳐 오지 못한 그물과 밧줄로 인해 더 부유해질 판이었다. 나는 파산한 상태였기 때문에 당장 65달러를 들여 새 돛을 구입할 수가 없었다. 나는 닻을 내리고 배를 세운 뒤 새크라멘토 강 위쪽으로 약탈에 나선 해적선에 올라탔다. 이렇게 배를 비운 동안 다른 해적들이 내 배를 약탈했다. 그들은 모든 걸 훔쳐 갔고, 심지어 닻까지 모두 떼어 갔다. 나중에 나는 표류하는 선체를 발견하고선 20달러에 팔아치웠다. 나는 힘들게 올라갔던 그 하나의 가로장에서 미끄러져 내려왔고, 다시는 사업의 사다리에 발을 디디지 않았다.

그때부터 나는 다른 자본가들에게 무자비하게 착취당했다. 내겐 근육이 있었고, 내가 근육으로 근근이 살아가는 동안 그들은 그걸로 돈을 벌었다. 나는 평선원, 부두 인부, 갑판 일꾼으로 일했고, 통조림 공장 등 여러 공장과 세탁소를 거쳤으며, 잔디를 깎고, 카펫을 청소하고, 창문을 닦았다. 그리고 단 한 번도 내 노역의 산물을 내 손으로 가져보지 못했다. 나는 통조림 공장 소유주의 딸이 마차에 탄 것을 보았고, 마차의 고무바퀴를 끄는 힘의 일부분은 내 근육에서 나온다는 걸 알았다. 나는 공장 소유주의 아들이 대학에 가는 것을 보았고, 그가 즐기는 와인과 사교계에서의 훌륭한 교분(交分)에 들어가는 비용의 일부분은 내 근육에서 나오는 것임을 알았다.

하지만 나는 이에 분노하지 않았다. 이건 모두 게임의 일부였다. 그들은 강자였다. 물론 나도 강했다. 나는 앞날을 개척해 그들과 나란히 서고, 다른 사람들의 근육으로 돈을 벌 작정이었다. 나는 일이 두렵지 않았고, 힘든 일이 좋았다. 나는 두 팔을 걷어붙이고 누구보다 열심히 일하여 결국 사회의 기둥이 될 작정이었다.

바로 그때, 운이 좋았는지 나는 같은 생각을 가진 고용주를 만났다. 나는 기꺼이 일했지만, 그는 내게 그 이상을 원했다. 나는 직업 교육을 받고 있다고 생각했지만 실은 나 때문에 두 사람이 쫓겨났다. 나는 고용주가 나를 전기 기사로 만들려 한다고 생각했지만, 사실 그는 나를 이용해 매달 50달러를 벌고 있었다. 내가 쫓아낸 두 사람은 한 달에 40달러를 받고 있었고, 나는 한 달에 30달러를 받으며 두 사람 몫을 하고 있었다.

이 고용주는 거의 죽을 때까지 일을 시켰다. 사람은 굴을 좋아하지만, 굴도 과하면 물리게 마련이다. 나도 그랬다. 일이 과하자 병이 찾아왔다. 다시는 일을 쳐다보기도 싫었다. 나는 일에서 도망쳤다. 나는 방랑자가 되어 이집 저집의 문을 두드렸고, 미국 전역을 떠돌며 빈민굴과 교도소에서 피땀을 흘렸다.

나는 노동자계급으로 태어났고 열여덟 살이 되었지만 내가 출발했던 지점보다 낮은 곳에 서 있었다. 나는 사회의 맨 밑바닥으로, 입에 담기에 달갑지도 마땅하지도 않은 비참한 땅속 깊은 곳으로 떨어졌다. 내가 있는 곳은 인류 문명의 구덩이, 나락, 인간 시궁창, 아수라장, 시체 안치소였다. 사회라는 구조물 내에서 사회가 무시하기로 결정하는 그 부분이었다. 이 글에서도 지면상 나는 그것을 무시할 수밖에 없으며, 단지 거기에서 본 것들이 나를 끔찍한 두려움에 빠뜨렸다는 말로 대신하고자 한다.

두려움 때문에 나는 생각을 하게 됐다. 나는 내가 살고 있는 이 복잡한 문명의 적나라한 실상을 보았다. 인생은 음식과 주거지의 문제였다. 음식과 주거지를 얻기 위해 사람들은 이것저것을 팔았다. 상인은 신발을 팔고, 정치인은 인격을 팔고, 국민의 대표자는, 물론 예외도 있지만, 자신의 신뢰를 팔았고, 그러면서 거의 모두가 명예를 팔았다. 또한 여자들은 거리에서든, 혼인 서약을 하는 신성한 자리에서든 대개 몸을 팔았다. 모든 것이 상품이었고, 모든 사람이 무언가를 사고팔았다. 노동이 팔아야 하는 하나의 상품은 근육이었다. 근육의 명예는 시장에서 값을 쳐주지 않았다. 노동이 팔 것은 근육, 단지 근육 하나였다.

하지만 차이가 있었고, 이 차이는 치명적이었다. 신발과 신뢰와 명예는 스스로를 재생할 수 있다. 이것들은 소멸하지 않는 자원이다. 반면에 근육은 재생되지 않는다. 신발 상인이 신발을 팔 때 그는 재고를 계속 보충할 수 있다. 하지만 노동자가 근육의 재고를 계속 보충할 방도는 없다. 노동자가 근육을 팔면 팔수록 그에겐 그만큼 근육이 줄어들게 된다. 근육은 하나뿐인 상품이지만, 재고는 매일 줄어든다. 결국 먼저 죽지 않는다면, 그는 상품을 다 팔고 나서 문을 닫게 된다. 그는 근육 파산자가 되고, 사회의 맨 밑바닥으로 내려가는 것 외에는 아무것도 남지 않는다.

게다가 뇌도 그와 비슷하게 하나의 상품이란 걸 나는 알게 되었다. 뇌라는 상품도 근육과 달랐다. 뇌를 파는 사람은 50세나 60세에 쇠락하기는커녕 전성기를 맞고, 그의 상품은 어느 때보다 높은 금액을 호가한다. 하지만 노동자는 45세나 50세에 녹초가 되거나 고장이 난다. 나는 사회의 맨 밑바닥에 있었지만, 그곳의 거주자가 되고 싶지 않았다. 배수관과 하수구는 비위생적이었고, 공기는 숨쉬기조차 힘들었다. 사회의 로열층에서 살 수 없다면, 다락에서 사는 걸 적어도 시도는 해볼 수 있었다. 사실 음식은 빈약하지만, 적어도 공기는 깨끗하지 않겠나. 나는 근육을 그만 팔고, 뇌를 파는 사람이 되기로 결심했다.

그때부터 미친 듯이 지식을 찾아다니기 시작했다. 나는 캘리포니아로 돌아와 책을 펼쳤다. 그렇게 뇌 판매자가 될 능력을 쌓는 동안에 사회학을 파헤치는 건 필연이었다. 거기, 그 부류의 책들에서 나는 이미 스스로 지어낸 간단한 사회학적 개념들이 이미 과학적으로 잘 정립되어 있음을 발견했다. 다른 위대한 지성들이 내가 생각했던 모든 것들과 그 이상의 방대한 생각들을 내가 태어나기도 전에 정리해놓은 것이다. 나는 내가 사회주의자라는 걸 깨달았다.

사회주의자는 혁명가였고, 다시 말해 현재의 사회를 전복하고 그 재료로 미래의 사회를 건설하기 위해 투쟁하는 사람이었다. 나 역시 사회주의자이자 혁명가였다. 나는 노동자와 지식인 혁명가로 구성된 모임에 가입해 난생처음 지적인 세계에 발을 들였고, 이곳에서 빛나는 지성과 번득이는 기지를 발견했다. 이곳에서 나는 강하고 방심하지 않는 두뇌에다 막노동으로 딱딱해진 손까지 갖춘 노동자계급의 사람들, 기독교적 신앙의 폭이 대단히 넓어 황금을 숭배하는 회중을 멀리하고 성직자의 옷을 벗은 목회자들, 지식을 신속하게 습득하고 그 지식을 인류의 문제에 적용하길 원하기 때문에 지배계급에 봉사하는 대학을 박차고 나온 교수들을 만났다.

이곳에서 나는 또한 인류, 타오르는 이상주의, 달콤한 이타주의, 극기, 순교 등에 대한 열렬한 믿음을 발견했다. 이곳에서 삶은 깨끗하고 고상하고 생기 있었다. 이곳에서 삶은 원래의 모습을 되찾아 훌륭하고 명예로웠다. 나는 살아 있어 기뻤다. 나는 수 달러 수 센트보다 육체와 정신을 높이 찬양한 위대한 사람들과 접촉했다. 그들에겐 굶주린 빈민가 아이의 가냘픈 울음소리가 무역의 확대와 세계 제국을 찬양하는 화려하고 요란한 웅변보다 더 중요했다. 나는 온통 고상한 목적과 영웅적인 노력에 둘러싸여 있었고, 나의 하루하루는 태양 빛과 별빛, 불꽃과 이슬로 가득했으며, 오랫동안 고통과 학대를 받았지만 결국에는 구조되어 되살아날 그 자애로운 인간, 그리스도가 직접 들었던 술잔, 그 성배가 눈앞에서 항상 밝게 빛났다.

그리고 나, 가엾고 어리석은 나는 이 모든 게 다름 아닌 내가 상류사회에서 찾게 될 인생의 기쁨을 미리 보여주는 전조라 여겼다. 나는 캘리포니아의 목장에서 '시사이드 라이브러리' 소설들을 읽었던 이후로 많은 환상을 잃어버렸다. 그리고 마음에 남아 있는 환상을 다시 잃어버릴 운명에 놓여 있었다.

나는 뇌를 파는 장사꾼으로 성공했다. 사회는 내게 우람한 정문을 열어주었다. 나는 곧장 로열층에 진입했고, 환멸은 빠르게 진행되었다. 나는 사회의 지배자들, 그리고 사회의 지배자들의 아내들과 딸들과 함께 식사를 했다. 여자들이 아름답게 차려입은 건 인정한다. 하지만 나의 순진한 놀라움을 자극한 건, 그들도 저 밑바닥에서 내가 알았던 그 모든 여자들처럼 흙으로 빚은 존재들이란 사실이었다. "대령의 부인과 주디 오그레이디는 한 꺼풀 벗기면 자매 사이였다."[3] 그리고 드레스까지 벗기면.

그러나 정작 나를 충격에 빠뜨린 건 이보다는 그들의 물질주의였다. 실제로 이 아름다운 드레스를 입은 아름다운 여인들은 달콤한 작은 이상들과 소중하고 작은 도덕률들을 지절거렸다. 하지만 그런 지절거림과는 무관하게 그들이 영위하는 삶의 지배적인 핵심은 물질주의였다. 그리고 그들은 아주 감상적으로 이기적이었다!

그들은 온갖 종류의 작고 감미로운 자선사업에 기부를 하고 사람들에게 그 사실을 알렸지만, 그러는 내내 그들이 먹는 음식과 입는 옷은 아동노동과 저임금 노동의 피로 얼룩진 배당금, 그리고 매춘 그 자체에서 나왔다. 내가 순진하게도, 주디 오그레이디의 이 자매들이 내 말을 듣자마자 그 피에 물든 옷과 보석류를 벗어 던지리라 기대하고서 그런 사실들을 언급했을 때, 그들은 흥분하며 화를 냈고, 사회의 밑바닥에 그 모든 불행을 끌어들이는 게으름, 음주, 선천적 타락에 대하여 지루한 설교를 늘어놓았다. 여섯 살 된 아이가 배를 곯으며 남부의 목화 공장에서 매일 밤 열두 시간씩 일하는 것이 그 아이의 게으름, 무절제, 타락 때문인지 나는 잘 모르겠다고 말하자, 주디 오그레이디의 이 자매들은

---

[3] 헤밍웨이의 소설 《태양은 다시 떠오른다》에 나오는, "대령 부인과 주디 오그레이디는 알고 보면 레즈비언이야."를 패러디한 구절.

나의 사생활을 공격하고 나를 '선동자'라 불렀다. 정말이지 그렇게 비난하면 논쟁이 해결되리라 생각하는 듯했다.

지배자 본인들에게도 더 높은 점수를 주기 어려웠다. 나는 깨끗하고 고상하고 살아 있는 이상을 가진, 깨끗하고 고상하고 살아 있는 사람들을 만나리라 기대했었다. 나는 높은 자리에 있는 사람들, 즉 목회자들, 정치인들, 사업가들, 교수들, 편집자들을 두루 만났고, 그들과 함께 고기를 먹고, 와인을 마시고, 자동차를 타면서 그들을 눈여겨보았다. 사실 깨끗하고 고상한 사람은 적지 않았지만, 거의 예외 없이 **살아 있지**않았다. 정말로 그 예외는 열 손가락에 꼽힐 정도였다. 그들은 부패하여 생기를 잃었고 더러운 삶에 찌들었으며, 땅속에 묻히지 않은 시체에 불과했고, 잘 보존된 미라처럼 깨끗하고 고상했지만 살아 있지 않았다. 이와 관련해서는 특히 내가 만난 대학교수들을 언급할 수 있다. 그들은 쇠락하는 대학의 이념, "열정 없는 지성의 열정 없는 추구"에 따라 살고 있다.

나는 전쟁을 통렬히 비난하여 평화의 왕자란 이름을 얻었으면서도 핑커턴[4] 같은 자들의 손에 라이플총을 쥐여주어 자신의 일터에서 파업을 하는 노동자들을 쓰러뜨리는 사람을 만났다. 또한 프로 권투 시합에 자제력을 잃고 분개하면서도 가짜 식품을 제조하는 패거리에 끼어 헤롯 왕[5]보다 해마다 더 많은 아기를 죽

---

4 최초의 사립 탐정.

이는 자를 만났다.

나는 호텔과 클럽과 가정과 기차와 증기선 의자에서 산업의 우두머리들과 대화를 나누었고, 그들이 지식의 영토에서 얼마나 가본 곳이 적은지에 놀라곤 했다. 반면에 나는 그들의 지능이 사업 분야에서 비정상적으로 발달했음을 알게 되었다. 또한 사업에 관한 한 그들의 도덕성은 바닥이란 걸 알게 되었다.

이 귀족적인 외모의 고매한 신사는 실은 과부들과 고아들을 몰래 등쳐먹는 기업의 얼굴마담이자 도구였다. 이 신사는 훌륭한 책들을 수집하고 문학을 특별히 후원하지만 알고 보면 도시를 지배하는 갱단의, 턱살이 축 늘어지고 눈썹이 짙은 두목에게 상납을 했다. 이 편집자는 특허를 가진 약품의 광고물을 출판하면서도, 광고를 잃게 될까 두려워 그 약품의 진실을 자신의 신문에 싣지 않았고, 내가 그에게 그의 정치경제학적 견해는 시대에 뒤졌고 생물학적 지식은 플리니우스[6]의 시대에 머물러 있다고 말했다는 이유로 나를 깡패 같은 선동자로 매도했다.

이 상원 의원은 상스럽고 교양 없는 조직의 두목이 부리는 도구이자 노예, 작은 꼭두각시였고, 이 주지사와 대법원 판사도 마찬가지였는데, 세 명 모두 무료승차권으로 기차 여행을 하고 있었다. 이 남자는 이상주의의 아름다움과 신의 선함에 대해 진실

---

5 아기 예수를 미리 죽이기 위해 애꿎은 어린애들을 학살한 유대 왕.
6 가이우스 플리니우스(Gaius Plinius Secundus, 23~79). 고대 로마의 정치가, 군인, 학자. 천문, 지리, 인문, 자연학의 다방면에 걸친 백과사전식 대저작 《박물지》를 남겼다.

하고 진지하게 이야기했지만, 자신의 가게에서 일하는 여자아이들에겐 기아 임금으로 하루에 열 시간 일을 시켰고, 그럼으로써 매춘을 직접 장려했다. 이 남자는 대학교에 걸상을 기부하면서도 돈 문제에 관해 법원에서 위증을 했다. 그리고 이 철도 왕은 신사이자 기독교인으로서 내뱉은 약속을 어기고서 목숨 건 혈투를 벌이고 있는 두 실업가 중 한 명에게 몰래 리베이트를 제공했다.

어디나 똑같이, 범죄와 배신, 배신과 범죄가 판을 쳤다. 살아 있긴 하지만 깨끗하지도 고상하지도 않은 사람들이 있었고, 깨끗하고 고상하지만 생기 없는 사람들이 있었다. 다음으로 희망 없는 다수 대중은 고상하지도 않고 생기도 없었으며, 단지 깨끗하기만 했다. 그들은 적극적으로 또는 의도적으로 죄를 범하진 않았지만, 만연하는 부도덕을 묵묵히 따르고 그로부터 이득을 얻음으로써 저도 모르게 수동적으로 죄를 범하고 있었다. 대중이 고상하고 생기가 있다면 무지하지 않을 테고, 배신과 범죄의 이득에 동참하기를 거부할 텐데.

나는 사회의 로열층에 사는 건 구미에 맞지 않는다는 걸 깨달았다. 지적으로는 지루했고, 도덕적·정신적으로는 신물이 났다. 나의 지식인들과 이상주의자들, 성직을 그만둔 목회자들, 울타리를 부수고 나온 교수들, 깨끗한 마음과 계급의식을 지닌 노동자들이 떠올랐다. 그리고 태양 빛과 별빛으로 가득한 나의 하루하루가 생각났다. 그곳에서 인생은 온통 거칠고도 달콤한 경이였고, 이타적인 모험과 윤리적 낭만이 있는 영혼의 낙원이었다. 그리고 나의 눈앞에서 성배가 끊임없이 타오르며 빛을 발했다.

그리하여 나는 노동자계급으로 돌아갔다. 나는 거기에서 태어났고 거기에 속한 사람이었다. 나는 더 이상 높이 오르고 싶지 않았다. 머리 위에 우뚝 솟은 사회의 구조물은 내게 전혀 즐거워 보이지 않았다. 내 관심을 끄는 건 그 구조물의 토대였다. 여기에서 나는 쇠지레를 들고 지식인들, 이상주의자들, 계급의식을 가진 노동자들과 어깨를 나란히 하고 서서 노동하는 데 만족하며, 이따금 손에 걸리는 튼튼한 쇠지렛대로 구조물 전체를 흔들고 있다. 언젠가 일손 몇 명과 쇠지레가 더 생기면 우리는 저 구조물을 전복할 터이고, 그와 함께 그 모든 부패한 삶과 땅속에 묻히지 않은 시체들, 괴물 같은 이기심과 흐물흐물한 물질주의를 무너뜨릴 것이다. 그때 우리는 아수라장을 깨끗이 치우고 인류를 위해 새로운 주거지를 세울 것이다. 그곳에는 로열층이 없고, 모든 방에 빛과 바람이 잘 들고, 호흡하는 공기는 깨끗하고 고상하고 살아 있을 것이다.

그것이 나의 전망이다. 나는 인간이 식욕보다는 더 가치 있고 고상한 어떤 것을 딛고 나아갈 시대가 오길 고대한다. 그때가 되면 사람들은 지금의 동기인 식욕보다 더 훌륭한 동기에 이끌려 행동할 것이다. 나는 인류의 고상함과 우수성을 여전히 믿는다. 나는 정신의 부드러움과 이타심이 현재의 상스러운 폭식과 폭음을 정복하리라 믿는다. 그리고 마지막으로 나의 믿음은 노동자계급에 있다. 어느 프랑스인이 말했듯이, "시간의 계단은 나막신이 올라가고 번쩍이는 장화가 내려가는 소리로 끊임없이 메아리치네."

1905년 11월,
아이오와 주 뉴턴에서.

옮긴이의 말

잭 런던의 소설을 읽은 사람은 누구나 그의 거칠고 야성적인 목소리와 이야기에 반하게 된다. 거친 바다와 드넓은 황야, 알래스카, 늑대, 추위와 굶주림, 금광, 항해, 도전과 투쟁. 그리고 그 뒤를 이어, 그런 개성이 어디에서 왔는지, 그가 어떻게 살았고 어떻게 그런 글을 쓰게 되었는지가 궁금해진다. 책장과 함께 덮기에는 너무나 매혹적인 문체와 이야기들이다. 여기, 잭 런던을 누구보다 잘 아는 그 자신의 고백이 있다.

샌프란시스코의 가난한 가정에서 태어나 노동을 공기처럼 호흡하며 자란 사람, 철이 들자마자 사회주의사상에 몸과 마음을 빼앗긴 사람, 거친 대륙을 홀로 유랑하며 인간의 잔혹함과 야멸참을 경험한 사람, 노동 착취에 저항하여 제 발로 사회의 나락까지 내려간 후 피나는 노력 끝에 소설가로 성공한 사람, 그 처절하고 절실한 삶을 차가운 강철 펜촉으로 써 내려간 황야의 늑대 같은 작가, 성공이 준 달콤함을 주체하지 못하고 자신의 이상과 멀어지다 끝내 마약과 병마에 희생된 사람.

적어도 인간 잭 런던에 대해서만큼은 그가 쓴 어떤 장편소설보다도 이 책에 담긴 몇 편의 에세이가 진실을 말해준다. 사실 그것이 에세이의 매력이리라. 이 글들을 번역하는 동안 내내 늑대와도 같은 그의 울부짖음이 귓전에 울렸다. 그 소리는 거친 바람에 실려 황야를 휘휘 감아 돈 후 돌아와 내 가슴을 쓸었다. 그건 단순한 생존이 아니었다. 즉자적인 반항과 충족의 생물학적 메커니즘이 아니었다. 거기엔 꿈이 있고 소망이 있었다. 단순한 자기 충족이 아니라 가난한 모든 사람을 위한 보편적인 사랑이 있었다. 이상이 있었다. 잭 런던의 글은 그렇게 읽는 이의 가슴에 울림을 일으킨다.

사회주의가 아닌 다른 무엇으로라도 잭 런던은 자신의 소망을 표출했을 것이다. 그에게 사회주의는 알래스카의 바람이 옆구리를 칠 때 마침 손에 닿는 곳에 있었던 모포였다. 그에게 사회주의는 삶의 진실을 담아내는 그릇이었다. 삶이란, 또는 문학이란 그 어떤 이념보다 진하고 강하다. 그가 아무리 사회주의를 드높여 외쳐도, 그 속에서 빛나는 것은 결국 사회주의가 아니라 그 자신의 인간성, 짐승으로 추락하지 않기 위한 노력과 투쟁인 것도 그런 이유에서다. 따지고 보면 그에게 사회주의가 무슨 대수랴. 그가 말하는 '평민들'이 더 착취당하고, 더 가난해지고, 더 절망하면 언제든 그보다 달콤하고 매혹적인 이념이 출현할 테니. 하지만 변하지 않고 우리를 이끄는 것은 삶의 진실이고, 문학은 그 진실을 추구한다. 잭 런던은 그 진실을 외쳤다. 20세기 초 미국이라는 거친 황야에서.

여담으로, 번역을 마친 후 미국인 친구와 대화할 기회가 있었다. 나는 작가인 그녀와 초로의 삶에서부터 세월호 및 IS의 기자 참수에 이르기까지 거의 모든 문제를 솔직하게 얘기한다. 내가 잭 런던의 에세이를 번역했다고 말했더니, 그녀가 이렇게 물었다. "무엇을 느꼈는가?"

나는 짧게 대답했다. "Hard."

그녀는 번역이 어렵다고 들었을까, 잭 런던의 글을 대하는 나의 심정이 어렵다고 들었을까, 아니면 당시에 '평민들'의 삶이 어려웠다는 말로 들었을까? 어쨌든 그녀도 짧게 호응했다. "맞아."

한 세기가 넘는 시간이 가로놓여 있는 다소 생경한 문체와 내용에 접근하기는 결코 쉬운 일이 아니었다. 번역자는 단지 문장을 기계적으로 옮기는 사람이 아니라, 지면에 인쇄된 글을 충분히 씹고 소화한 후(이가 튼튼해야 한다!) 완전히 자기 것으로 만들어 최대한 자연스럽고 아름다운 우리말로 내놓아야 한다고 생각한다. 사실 이는 개인적인 원칙이라기보다는 번역이라는 노동이 요구하는 기본 조건이다. 따라서 항상 걱정스러운 것은 번역자로서의 소화력과 우리말 능력이다. 마지막 교정까지 부족하나마 최선을 다했다는 변명과, 미비한 부분을 채워준 은행나무 편집자님에게 감사하다는 말로 후기를 마친다.

2014년 늦가을

김한영

잭 런던 연보

1876년 1월 12일 캘리포니아 주 샌프란시스코에서 태어나 어머니 플로라 웰먼(Flora Wellman)으로부터 존 그리피스 채니(John Griffith Chaney)라는 이름을 받는다. 어머니와 법적으로 혼인하지 않고 동거하던, 전문 점성술사이자 강사인 친부 윌리엄 헨리 채니(William Henry Chaney)는 임신 소식을 듣고 떠난다. 9월 7일 어머니가 남북전쟁 퇴역 군인이자 홀아비인 존 런던과 결혼하자, 존 그리피스 런던으로 개명된다.

1878년 잭과 배다른 누이 엘리자(Eliza)가 디프테리아에 감염되어 거의 목숨을 잃을 뻔하자 의붓아버지 존 런던은 가족을 데리고 샌프란시스코 만을 건너 오클랜드로 이사하고, 그곳에서 식료품점을 운영하며 직접 기른 농산물을 인근 시장들에 내다 판다.

1881년 런던 가족은 앨러미다(오클랜드 앞바다에 있는 섬—옮긴이)

에 있는 20에이커 규모의 농장으로 이사한다.

1882년 앨러미다에서 학교를 다니기 시작한다.

1886년 런던 가족은 샌마테오 카운티와 리버모어밸리에서 농장을 하며 살다가 오클랜드에 집을 구입한다. 잭은 오클랜드 공립 도서관에서 책의 세계를 접한다.

1891년 콜 문법학교를 졸업한 후 히크모트 통조림 공장에서 일한다. 유모였던 '제니 프렌티스(Jennie Prentiss) 이모'에게서 빌린 300달러로 작은 외대박이 범선 '래즐대즐'호를 구입한 후 샌프란시스코 만에서 굴을 약탈하는 해적이 된다.

1892년 캘리포니아 어업 순찰대에 들어가 순찰 경관 보좌로 일한다.

1893년 바다표범을 잡는 범선 '소피아 서덜랜드'호에 숙련 유자격 갑판원(선실 보이)으로 승선하여 8개월 동안(1월~8월) 하와이, 오가사와라제도, 일본을 거쳐 베링 해까지 항해한다. 캘리포니아로 돌아온 직후 황마(黃麻) 공장에 들어간다. 일간지 〈샌프란시스코 콜(San Francisco Call)〉이 후원하는 젊은 작가를 위한 공모전에서 〈일본 앞바다의 태풍 이야기〉로 1등상(25달러)을 받는다.

1894년 지역 전기철도 발전소에서 석탄 하역부로 일한다. 4월에 콕시 실업자 청원단의 서부 분견대인 켈리 청원단에 합류하여 워싱턴까지 항의 행진을 한다. 5월 말에 미주리 주 해니벌에서 청원단을 떠나 혼자 방랑을 시작한다. 시카고 세계 박람회가 열렸던 장소를 방문한 후 동쪽으로 향한다. 나이아가라 카운티에서 부랑죄로 체포되어, 이리 카운티 형무소에서 30일을 보낸 후 캘리포니아로 돌아온다.

1895년 오클랜드 고등학교에 들어가 〈하이스쿨 이지스(The High School Aegis)〉에 단편소설과 기사를 발표한다. 메이블 애플가스(Mabel Applegarth)와 사랑에 빠진다. 메이블은 《마틴 이든(*Martin Eden*)》에 나오는 루스 모스(Ruth Morse)의 모델이 된다.

1896년 사회노동당에 들어가 오클랜드의 '소년 사회주의자'라는 악명을 얻는다. 고등학교를 졸업하고, 캘리포니아 대학 입학 허가를 받는다.

1897년 학비 부족으로 대학을 포기한다. 글쓰기가 거듭 실패하자, 작가 프랭크 노리스(Frank Norris)가 다녔던 벨몬트 아카데미의 세탁실에서 일한다. 7월 말, 매형 제임스 H. 셰퍼드(James H. Shepard) 선장의 배를 타고 알래스카로 올라가 클론다이크 골드러시에 뛰어든다. 유콘 준주에 있는 스플릿업 섬의 한 통나무집에서 겨울을 보낸다.

1898년 괴혈병에 걸린 채 도슨에서 베링 해의 세인트마이클까지 유콘 강을 따라 뗏목을 타고 내려온다(6월 8일). 화부로 일하면서 귀향한 끝에 7월 말에 오클랜드에 도착한다. 전업 작가가 되기 위해 강하고 혹독한 훈련을 시작한다.

1899년 〈길 떠나는 자에게(To the Man on Trail)〉가 〈오버랜드 먼슬리(Overland Monthly)〉의 성탄절 호에 실리고, 〈북부의 오디세이아(An Odyssey of the North)〉가 〈애틀랜틱 먼슬리(Atlantic Monthly)〉에 게재 허가된다(1900년 1월 호). 12월에 애나 스트런스키

(Anna Strunsky)를 만난다.

1900년 3월에 샤미언 키트리지(Charmian Kittredge)를 만난다. 4월 7일에 베시 매던(Bessie Maddern)과 결혼한다. 첫 단편집《늑대의 아들(*The Son of the Wolf*)》을 출간한다.

1901년 1월 15일 딸 조앤(Joan)이 태어난다. 허스트 신문연합의 의뢰를 받아 제3회 전미 공기소총 사격 축제를 취재함으로써 처음으로 저널리즘과 관련된 업무를 수행한다. 오클랜드 시장직을 위해 사회당 공천 후보자로 출마하지만 실패한다. 11월 27일 맥밀런 사(社) 사장 조지 브렛(George Brett)이 한 권 분량의 원고를 청탁하는 편지를 보낸다. 이코노믹 리그(Economic League)의 총무로 선출된다(그와 함께 오클랜드 공립 도서관장인 프레더릭 아이언스 뱀퍼드(Frederick Irons Bamford)가 회장으로 선출된다). 단편집《그의 조상이 섬기던 신(*The God of His Fathers*)》을 발표한다.

1902년 《마틴 이든》의 등장인물 러스 브리센든(Russ Brissenden)의 모델인 시인 조지 스털링(George Sterling)과 교분을 맺는다. 4월 28일 맥밀런 출판사와《서리의 아이들(*Children of the Frost*)》을 발간하기로 계약을 맺는다. 런던의 이스트엔드에서 6주간(8월~9월) 머무르며《밑바닥 사람들(*The People of the Abyss*)》을 집필한다. 10월 20일 딸 베스(Bess, 베키Becky)가 태어난다.《서리의 아이들》과《대즐러호의 항해(*The Cruise of the Dazzler*)》뿐 아니라 첫 장편소설《눈의 딸(*A Daughter of the Snows*)》도 발표한다.

1903년 차미언 키트리지와 사랑에 빠져 베시 런던과 헤어진다.

《켐턴-웨이스 편지(Kempton-Wace Letters)》(애나 스트런스키와 공저), 《야성의 부름(The Call of the Wild)》, 《밑바닥 사람들》을 발표한다.

1904년 허스트사(社)의 의뢰로 한국과 만주에서 러일전쟁을 취재한다(1월~6월). 베시 런던이 이혼을 제소하고, 애나 스트런스키를 공동 피고로 지명한다. 단편집 《〈인간의 믿음〉과 그 밖의 소설들(The Faith of Men and Other Stories)》과 《바다늑대(The Sea-Wolf)》를 발표한다.

1905년 오클랜드 시장직에 사회당 후보로 출마하지만 이번에도 고배를 마신다. 소노마밸리 지역의 글렌엘런 마을로 이사하고, 50헥타르 면적의 힐랜치(Hill Ranch)를 매입한다. 힐랜치는 600헥타르에 달하는 '뷰티랜치(Beauty Ranch)'의 출발점이다. 10월에 하버드 대학을 포함하여 중서부와 동부 전역을 돌면서 사회주의 순회강연을 시작한다. 11월 18일 이혼이 승인되자 다음 날 시카고에서 차미언 키트리지와 결혼한다. 《계급 전쟁(War of the Classes)》, 《게임(The Game)》, 《어업 순찰대 이야기(Tales of the Fish Patrol)》를 출간한다.

1906년 자메이카에서 신혼을 보낸 후 사회주의 순회강연을 재개한다. 카네기홀, 예일 대학, 시카고 대학, 노스다코타 대학에 출연한 후 병 때문에 순회강연을 취소하고 2월 중순에 글렌엘런으로 돌아온다. 7년의 세계일주 항해를 계획하고서 두대박이 범선 '스나크(Snark)'호를 건조하기 시작한다. 〈콜리어스〉의 의뢰로 샌프란시스코 지진을 취재한다. 《《월상안》과 그 밖의 소설들 (*Moon-Face and Other Stories*)》, 《화이트 팽(*White Fang*)》, 《여자의 냉소(*Scorn of Women*)》를 발표한다.

1907년 몇 차례의 연기 끝에 4월 23일에 '스나크'호가 하와이제도를 향해 오클랜드 항을 출발하고, 5월 20일에 진주만에 도착한다. 10월 7일에 하와이를 떠나 마르키즈제도와 타히티까지 항해한다. 《비포 아담(*Before Adam*)》, 《생에의 애착과 그 밖의 소설들(*Love of Life and Other Stories*)》, 《길(*The Road*)》을 출간한다.

1908년 재정 관리를 위해 타히티에서 오클랜드로 돌아온다(1월 중순). 4월에 '스나크'호 항해를 재개하여, 사모아, 피지 제도, 뉴헤브리디스제도, 솔로몬제도, 호주까지 항해한다. 11월 29일 호주 시드니에서 여러 종류의 열대병에 걸려 입원하고, 어쩔 수 없이 항해를 포기한다. 《강철 군화(*The Iron Heel*)》를 발표한다.

1909년 에콰도르, 파나마, 뉴올리언스를 거쳐 7월 24일에 글렌엘런의 자택에 도착한다. 《마틴 이든》을 발표한다.

1910년 2월에 엘리자 런던 셰퍼드를 농장 관리인으로 고용하고, 뷰티랜치를 거의 400헥타르로 확장한다. 인디애나 주 카멀의 예술인 마을에 사는 친구들을 방문한다. 싱클레어 루이스(Sinclair Lewis)로부터 몇 편의 소설 줄거리를 편당 5달러에 사기로 한다. 6월 19일 딸 조이(Joy)가 태어나지만 21일 사망한다. 7월 4일 네바다 주 리노에서 열린 존슨 대 제프리스 권투경기를 취재한다. 건축가 앨버트 파(Albert Farr)와 '울프 하우스' 건설을 계획한다.

《잃어버린 체면(*Lost Face*)》,《《혁명〉과 그 밖의 에세이들(*Revolution and Other Essays*)》,《버닝 데이라이트(*Burning Daylight*)》,《도둑: 4막의 희곡(*Theft: A Play in Four Acts*)》을 발표한다.

1911년 여름 동안에 차미언과 하인 나카타와 함께 사두마차로 오리건까지 왕복 여행을 한다. 11월 24일 두 달 일정으로 뉴욕 여행을 떠난다. 《〈신이 웃을 때〉와 그 밖의 소설들(*When God Laughs and Other Stories*)》,《모험(*Adventure*)》,《스나크호의 항해(*The Cruise of the Snark*)》,《남쪽 바다 이야기(*South Sea Tales*)》를 발표한다.

1912년 3월 1일 차미언과 함께 볼티모어에서 세대박이 범선인 '디리고'호를 타고 케이프혼을 돌아 시애틀로 돌아오는 항해를 시작한다. 8월 초에 글렌엘런으로 돌아온다. 〈코스모폴리탄〉과 5년 약정으로 소설 계약을 맺는다. 《자존심의 집〉과 그 밖의 하와이 이야기들(*The House of Pride and Other Tales of Hawaii*)》,《태양의 아들(*A Son of the Sun*)》,《스모크 벨루(*Smoke Bellew*)》를 발표한다.

1913년 7월 8일 맹장염 수술을 받는다. 의사로부터 신장병에 걸렸다는 말을 듣는다. 8월 22일 '울프 하우스'가 화재로 무너진다. 10월 5일 샌프란시스코의 그로먼 임페리얼 극장에서 미국에서 제작된 첫 장편영화인 호바트 보스워스(Hobart Bosworth) 감독의 〈바다늑대〉 첫 상영작을 관람한다. 《밤에 태어난 사람(*The Night-Born*)》,《밑바닥 짐승(*The Abysmal Brute*)》,《존 발리콘(*John Barleycorn*)》,《달의 계곡(*The Valley of the Moon*)》을 발표한다.

1914년 1월 9일 사업 문제를 논의하기 위해 뉴욕으로 여행한다.

4월 16일 〈콜리어스〉의 의뢰로 멕시코혁명을 취재하기 위해 차미언과 함께 베라크루스로 떠난다. 급성 이질에 걸려 6월에 글렌엘런으로 돌아온다. 《강자의 힘(The Strength of the Strong)》과 《엘시노어의 반란(The Mutiny of the Elsinore)》을 출간한다.

1915년 2월에 심한 류머티즘을 앓은 후 건강 회복을 위해 하와이로 항해한다. 7월에 글렌엘런으로 돌아왔다가 12월에 다시 하와이로 항해한다. 《주홍 전염병(The Scarlet Plague)》과 《별 방랑자(The Star Rover)》를 발표한다.

1916년 3월 7일 사회당을 탈당한다. 7월 말 하와이에서 돌아온다. 9월 3일 새크라멘토에서 열린 캘리포니아 주 박람회를 방문할 때, 류머티즘이 재발한다. 11월 2일 '콩팥산통에 이은 요독증'(그 밖에도 뇌졸중과 심장마비가 있었던 것으로 보인다)으로 사망한다. 《도토리를 심는 사람: 캘리포니아 삼림 희곡(The Acorn-Planter: A California Forest Play)》, 《큰 집의 작은 부인(The Little Lady of the Big House)》, 《타스만의 거북(The Turtles of Tasman)》이 발표된다.

은행나무 위대한 생각 09
나는 어떻게 사회주의자가 되었나

1판 1쇄 인쇄 2014년 12월 1일
1판 1쇄 발행 2014년 12월 8일

지은이 · 잭 런던
옮긴이 · 김한영
펴낸이 · 주연선

책임편집 · 심하은
편집 · 이진희 백다흠 강건모 이경란 오가진 윤이든 강승현
디자인 · 김현우 김서영 권예진
마케팅 · 장병수 김한밀 정재은 김진영
관리 · 김두만 구진아 유효정

(주)은행나무
121-839 서울특별시 마포구 양화로11길 54
전화 · 02)3143-0651~3 ∣ 팩스 · 02)3143-0654
신고번호 · 제 1997-000168호(1997. 12. 12)
www.ehbook.co.kr
ehbook@ehbook.co.kr

잘못된 책은 바꿔드립니다.

ISBN 978-89-5660-827-3 04800
ISBN 978-89-5660-761-0 (세트)